Norbert Loh

The Royal Family

**Populäre Irrtümer
und andere Wahrheiten**

Inhalt

Schloss Balmoral

Zum Geleit

Eigentlich wollte ich meine Rente genießen. Aber „meine" Chefredakteurin Anne Hoffmann sagte: „Was willst du denn zu Hause? Hofberichterstatter sind wie ein guter Rotwein, die werden immer besser. Und außerdem: Was sollen die Königsfamilien denn ohne dich tun ...?"

Ich denke, die würden das bestimmt überleben. Ich ließ mich aber trotzdem ganz schnell und gerne zum Weiterschreiben für „die aktuelle" überreden.

Besonders viel Freude hatte ich aber auch mit diesem Buch, das Sie jetzt in Ihren Händen halten, liebe Leserinnen und liebe Leser. Ich hatte zuvor schon Biografien über Königin Silvia von Schweden, Fürst Rainier von Monaco und König Felipe von Spanien geschrieben.

Aber so viel Freude und Begeisterung wie beim Zusammenstellen der Themen für das Buch „The Royal Family" hatte ich selten. Wie ein Film liefen die ganzen spannenden Geschichten über die Königsfamilie Windsor in meinem Kopf ab: von Elizabeth als Kind und als junger Königin, aber auch von ihren Kindern und Enkeln. Zusammengekommen sind überraschende, rührende und ernste Geschichten ebenso wie lustige Anekdoten aus dem Alltag der englischen Royals. Lesen Sie nicht nur von den großen Momenten, an denen wir alle teilhaben können, sondern staunen Sie auch über Insiderwissen und eher Unbekanntes, das Sie so vielleicht noch nicht gehört haben.

Ich wünsche Ihnen, dass Sie beim Lesen genau so viel Freude haben wie ich beim Schreiben!

Tradition verpflichtet

Arm in Arm gehen Prinz Charles und Herzogin Camilla durch den Garten ihres Landguts Highgrove. Vor den pinkfarbenen Stockrosen bleiben sie stehen und setzen sich auf eine Holzbank, die mit orientalischen Ornamenten verziert ist. Ein Geschenk von König Faisal von Saudi-Arabien. Prinz Charles erinnert sich oft an die Worte, die der alte König einst halb aus Spaß und halb im Ernst sagte: „Im Jahr 2050 wird es auf unserer Erde nur noch fünf Könige geben. Pik-König, Herz-König, Kreuz-König, Karo-König und den König von England …!"

Tiefgründige Gedanken mit einem Funken Wahrheit. Keine Monarchie auf der Welt ist so stabil wie die britische. Und das trotz zahlreicher Skandale. Das Königshaus gehört zu Großbritannien wie Fish and Chips und das sommerliche Pferderennen in Ascot. Wer würde 2050 auf dem englischen Thron sitzen? Königin Elizabeth wäre nur noch in den Geschichtsbüchern zu finden und Charles wäre dann 102. Aller Wahrscheinlichkeit nach wird im Jahr 2050 König William regieren. Er wäre dann 68 Jahre alt.

Die britische Monarchie hat eine jahrhundertelange Tradition und ist durch stetigen Wechsel geprägt. Königsmorde und Revolutionen waren keine Seltenheit, doch die Monarchie hielt bis heute stand. Einige britische Monarchen sind weltberühmt: zum Beispiel Wilhelm der Eroberer, der als erster englischer König gilt und von 1066 bis 1087 regierte. Auch Richard Löwenherz, der zwischen 1189 und 1199 auf dem Thron saß, war eine schillernde Figur. Um ihn ranken sich zahlreiche Legenden, unter anderem die Artus-Sage. Im Spätmittelalter gehörte Heinrich VIII., der von 1509 bis 1547 regierte, zu den bedeutendsten Königen an der Themse. Er begründete die englische Seemacht und rief die anglikanische Kirche ins Leben, weil Papst Clemens VII. nicht in die Scheidung von seiner ersten Frau Katharina von Aragon einwilligen wollte.

Es folgten weitere Dynastien, darunter das Haus Stuart. Von 1714 an kamen die englischen Monarchen dann aus dem Haus Hannover. Unter ihrer Herrschaft wurde das britische Weltreich weiter ausgebaut. So stand 1837 ein Drittel der Welt unter der Herrschaft der britischen Krone. Die letzte Regentin aus dem Haus Hannover war die legendäre Königin Victoria, die von 1837 bis 1901 auf dem Thron saß. Nach ihrer Hochzeit mit Prinz Albert von Sachsen-Coburg und Gotha wurde der Name der Herrscherdynastie entsprechend geändert. Das war nicht die einzige Namensänderung in der britischen Geschichte:

1917 wurde aus Sachsen-Coburg und Gotha das Haus Windsor. König George V. reagierte damit auf die antideutsche Stimmung im Land. In der kleinen Stadt Windsor vor den Toren Londons steht das gleichnamige Schloss.

Mit gerade mal 26 Jahren kam die heutige Königin Elizabeth II. auf den Thron. Von Beginn an meisterte sie ihre Rolle souverän. Sie ist nicht nur Königin von Großbritannien und Nordirland, sondern auch Oberhaupt der Anglikanischen Kirche und Oberhaupt des Commonwealth. An ihrem 21. Geburtstag im Jahr 1947 erklärte sie bei einer Rundfunkansprache, ihr ganzes Leben, „ob es lang oder kurz wird“, in den Dienst ihres Volkes zu stellen. Darum wird sie niemals abdanken. Königin zu sein ist für Elizabeth II. ein Amt auf Lebenszeit. Die Queen gilt als außerordentlich pflichtbewusst und diskret. Diese Eigenschaften erwartet sie auch vom Rest der Windsors. Und genau das führte immer wieder zu Konflikten ...

Zahlen & Fakten über die Queen

Seit ihrer Krönung hat sie **sieben Päpste**, **14 US-Präsidenten** und **14 britische Premierminister** in ihren Ämtern erlebt.

Sie beschäftigt in ihrem königlichen Haushalt **1211 Personen** und steht **623 Wohltätigkeitsvereinen und Organisationen** als Patronin vor.

Die Queen ist das erste Mitglied der Königsfamilie, das jemals eine Goldene Schallplatte erhielt. Und zwar für das Album „Party At The Palace", 2002 anlässlich ihres Goldenen Thronjubiläums auf einer Gartenparty im Buckingham-Palast aufgezeichnet. In der ersten Woche nach Erscheinen hat es sich über **100.000** Mal verkauft.

Die Queen ist eine Spielerin! Sie bevorzugt Solitär, Trivial Pursuit und Scrabble. Einen Zauberwürfel kann sie in **55 Sekunden** lösen und für ein 9 x 9-Sudoku braucht sie **drei bis vier Minuten**.

Seit ihrer Jugend spricht sie fließend Französisch. Und ihr Mann Prinz Philip brachte ihr bei, dass sie in **elf Sprachen** zumindest ein Bier bestellen kann: Englisch, Französisch, Deutsch, Griechisch, Italienisch, Niederländisch, Bulgarisch, Serbokroatisch, Finnisch, Malaysisch und Mandarin.

Bereits **1976** verschickte sie ihre erste E-Mail. Und zwar über ARPANET, einen Vorgänger des Internets. In den 1950er Jahren führte sie **das erste telefonische Ferngespräch Englands**.

Schon für **141 Porträts** hat sie posiert.

Sie hat in ihrer Regentschaft mehr als **3,5 Millionen Briefe und Korrespondenzen** beantworten lassen und etwa **45.000 Weihnachtskarten** verschickt.

Mehr als **50.000** Gäste empfängt die Queen jedes Jahr zu Banketts, Mittag- und Abendessen sowie zu Gartenpartys.

Zu ihrer Hochzeit bekam sie rund **2500 Geschenke**. Darunter ein handgewebtes Tuch, das aus Garn hergestellt worden ist, das Mahatma Gandhi persönlich gesponnen hat.

Die Königin und ihre Familie besitzen **102 Kutschen**. Ihre Krönungskutsche wird von **acht Schimmeln** gezogen.

Elizabeth war **zwei Jahre** alt, als die erste Wachsfigur von ihr bei Madame Tussauds entstand. Seitdem gab es **21 weitere Versionen**, die letzte zum Diamantenen Thronjubiläum 2012.

Sie hat nicht nur einen Thron, sondern gleich **neun**: sechs im Buckingham-Palast, zwei in Westminster Abbey und einen im House of Lords.

Streng verboten ist es, die Queen anzufassen oder zu drücken. Diese königliche Etikette war der Ex-First-Lady Michelle Obama offenbar nicht bekannt. Beim Gruppenfoto auf dem G20-Gipfel legte sie ihre Hand auf die Schulter Ihrer Majestät. Elizabeth nahm es jedoch sportlich und legte ihrerseits den Arm um die Hüfte der First Lady.

Die Queen hat niemals Bargeld bei sich. Trotzdem hat sie im Buckingham-Palast ihren eigenen Bankautomaten. Der wird von ihrer Familie und Angestellten genutzt und von der Bank Coutts zur Verfügung gestellt.

Sechs Guinness-Weltrekorde hält sie: als am längsten regierende Königin, als älteste regierende Monarchin, als reichste Königin, als Oberhaupt der meisten Staaten, als älteste britische Monarchin der Geschichte und als Frau, die auf den Geldscheinen der meisten souveränen Staaten abgebildet ist.

Im privaten Wohnzimmer auf Schloss Sandringham stammen die meisten Dinge aus den **1950er und 1960er Jahren**: ein Kurzwellen-Radiogerät, eine Sitzgruppe, ein Schreibtisch, ein großer Fernsehapparat und ein ehemaliger Kartentisch, auf dem die Queen Puzzles ab 1000 Teile legt.

Sie ist so berühmt, dass es sich die britische Post seit **sieben Jahrzehnten** erlauben kann, anstelle eines Ländernamens nur ihre Silhouette auf Briefmarken zu setzen.

Elizabeth ist ein großer Fan der schwedischen Gruppe **ABBA**. Sie besitzt mehrere Platten der Band und Angestellte haben sie sogar schon zu ABBA-Liedern tanzen gesehen. Ob sie zu „Dancing Queen" das königliche Tanzbein schwang, ist nicht überliefert.

Liebe ist wie ein Ring.
Und ein Ring hat kein Ende ...

Das erste Foto, auf dem Elizabeth und Philip gemeinsam abgebildet sind

Eine Jahrhundertliebe

Im Sommer 1939 besuchte König George mit seiner 13-jährigen Tochter Kronprinzessin Elizabeth das Royal Naval College in Dartmouth. Dort sah die Thronfolgerin zum ersten Mal den fünf Jahre älteren Prinzen Philip von Griechenland. Sie verliebte sich Hals über Kopf in ihn und sagte zu ihrem erstaunten Vater: „Ich will den oder keinen!"

Papa König schmunzelte. Aber Elizabeth blieb dabei. Und aus der Schwärmerei wurde die Liebe ihres Lebens: Am 10. Juli 1947 ließ der Palast eine Erklärung verbreiten: „Mit größter Freude geben der König und die Königin die Verlobung ihrer innig geliebten Tochter Elizabeth mit Lieutenant Prinz Philip von Griechenland bekannt."

Am 20. November 1947 läuteten in der Londoner Westminster Abtei die Hochzeitsglocken. Elizabeth war mit 21 Jahren eine verheiratete Frau. Die Geburten ihrer vier Kinder setzten der royalen Ehe im wahrsten Sinne des Wortes die Krone auf.

Diese Jahrhundertliebe war durch nichts zu erschüttern: Prinz Philip starb am 9. April 2021 im Buckingham-Palast in den Armen seiner Frau. Er wurde 99 Jahre alt. Als der Prinz für immer die Augen schloss, schaute die Queen Philips Leibarzt Sir Huw Thomas an. Er nickte milde und sagte: „Er ist nicht von Ihnen gegangen. Er ging Ihnen nur voraus."

Baby-Prinzessin Elizabeth
und ihre stolzen Eltern

Gar nicht königlich

Elizabeth kam am 21. April 1926 um 2.40 Uhr in der Bruton Street 17 im Londoner Stadtteil Mayfair zur Welt. Nicht in einem Palast, sondern in dem Haus ihrer Großeltern mütterlicherseits. Heute kann in diesem Haus ein Tisch zum Abendessen reserviert werden. Denn mittlerweile findet man unter dieser Adresse das edle chinesische Restaurant „Hakkasan". Dort wird den Gästen in Designerambiente feinste kantonesische Küche serviert. Dem Lokal wurde sogar ein Michelin-Stern verliehen.

Die kleine Prinzessin Elizabeth wurde von den Briten herzlich willkommen geheißen. Sie machte König Georg V. zum ersten Mal zum Großvater. Als er gegen Mittag des 21. April die freudige Nachricht von der Geburt seiner Enkelin verkünden ließ, hatte er einen besonderen Gast in seinem Speisezimmer: Prinzessin Alice von Battenberg, die Mutter von Prinz Philip. Sie war also eine der ersten, die von der Geburt des Königskindes erfuhr. Und sie hätte im Traum nicht daran gedacht, dass diese kleine Prinzessin Elizabeth einmal ihre Schwiegertochter werden würde!

Court Circular.

WINDSOR CASTLE, April 2
The King and Queen have received
great pleasure the news that the Duc
of York gave birth to a daughter
morning.
The Crown Princess of Sweden, Pri
Andrew of Greece, and the Dov
Marchioness of Milford Haven v
Their Majesties and remained
Luncheon.

Prinzessin Alice von Battenberg, verheiratet mit Prinz Andreas von Griechenland, brachte am 10. Juni 1921 um 21.08 Uhr einen Sohn zur Welt: Philip. Weil es der kleine Prinz sehr eilig hatte, wurde er auf der griechischen Insel Kreta im Schloss Mon Repos auf dem Küchentisch geboren!

Fast 100 Jahre später starb Prinz Philip am 9. April 2021 auf Schloss Windsor. Sein Leibarzt Sir Huw Thomas schrieb als Todesursache Altersschwäche in die Sterbeurkunde.

AHA!

Ein Geheimcode für den Fall der Fälle

Königin Elizabeth befindet sich bei guter Gesundheit, aber für ihren Tod ist unter dem Geheimcode „London Bridge is down" alles vorbereitet.

Sollten dem Premierminister und der Premierministerin diese vier Worte einmal zugetragen werden, geht in Großbritannien eine Epoche zu Ende. Zwölf Tage lang wird die offizielle Trauer dauern. Das Volk kann sich in der Westminster Hall von der Königin verabschieden, wo der Leichnam aufgebahrt sein wird. Der Palast rechnet mit einer halben Million Menschen, die geduldig eine mehrere Kilometer lange Schlange bilden. Die wohl größte Beerdigung der Welt soll dann in der Westminster Abtei stattfinden.

Nicht planbar ist allerdings die Schockstarre, in die das Land im Todesfall verfallen dürfte. Die Briten lieben ihre Königin. Die meisten haben nie eine Zeit erlebt, in der Elizabeth II. nicht Queen war.

Doppelter Geburtstag

Wie schön wäre es, wenn man seinen Geburtstag gleich zweimal feiern könnte! Königin Elizabeth gehört zu den Menschen, die das können und auch tun. Sie wurde am 21. April geboren und lädt an diesem Tag nur ihre engsten Familienmitglieder zum Abendessen ein.

Richtig groß feiert sie traditionsgemäß erst am zweiten Samstag im Juni. Der schlichte Grund: Dann ist das Wetter besser! Die Militärparade zu ihrem offiziellen Geburtstag ist weltweit als „Trooping the Colour“ bekannt. Früher ritt die Queen auf einem Pferd zum Paradeplatz, heute sitzt sie in einer offenen Kutsche. Im Anschluss an die Prozession versammelt sich die königliche Familie auf dem Balkon des Buckingham-Palastes und beobachtet den Überflug der Royals Air Force-Flugzeuge.

Die Geburtstagstradition am zweiten Juni-Samstag begann übrigens bereits vor fast 300 Jahren. Sie wurde von König George II. 1727 ins Leben gerufen. Der aus dem deutschen Fürstenhaus Hannover stammende König hatte am 9. November Geburtstag und wollte im trüben Herbstwetter nicht feiern. Er entschied sich für einen offiziellen Geburtstag im Sommer. Wenn Prinz Charles eines Tages den Thron besteigt, wird er aller Wahrscheinlichkeit nach auch erst offiziell im Sommer feiern, denn er kam am 14. November zur Welt. Und es liegt ihm fern, seine Untertanen im Regen stehen zu lassen ...

Parade zum Geburtstag der Queen 2021

Immer schön der Reihe nach: die Thronfolge im englischen Königshaus

Königin Elizabeth ist die einzige Monarchin auf der Welt, die zu Lebzeiten drei männliche Thronfolger aus drei Generationen vorweisen kann: ihren Sohn Prinz Charles, ihren Enkel Prinz William und ihren Urenkel Prinz George. Damit weiß sie ihr Königreich bis in weite Zukunft in guten Händen. Diese 23 Royals sind direkte Nachkommen der Queen:

1. **Charles** (*1948), Prinz von Wales, ältester Sohn von Königin Elizabeth
2. **William** (*1982), Herzog von Cambridge, ältester Sohn von Prinz Charles
3. **George** (*2013), ältester Sohn von Prinz William
4. **Charlotte** (*2015), Tochter von Prinz William
5. **Louis** (*2018), jüngster Sohn von Prinz William
6. **Henry** (*1984), genannt Harry, Herzog von Sussex, jüngster Sohn von Prinz Charles
7. **Archie** (*2019), Sohn von Prinz Harry
8. **Lilibet Diana** (*2021), Tochter von Prinz Harry
9. **Andrew** (*1960), Herzog von York, zweiter Sohn von Königin Elizabeth
10. **Beatrice** (*1988), älteste Tochter von Prinz Andrew
11. **Eugenie** (*1990), jüngste Tochter von Prinz Andrew

Übrigens: Königin Elizabeth hat sich oft darüber amüsiert, dass auch ihr Mann Prinz Philip, der Herzog von Edinburgh, irgendwo in der britischen Thronfolge auftauchte. Denn er ist genau wie Elizabeth ein Ururenkelkind der legendären Queen Victoria. Durch die enge Verwandtschaft des Hochadels in Europa tauchen in der britischen Thronfolge auch Royals auf, die niemals den britischen Thron besteigen werden, weil sie selbst eine Krone tragen: Auf Platz 74 steht König Harald V. von Norwegen. Auf Platz 284 König Carl XVI. Gustaf von Schweden und auf Platz 322 steht Königin Margrethe II. von Dänemark.

12. **August** (*2021), Sohn von Prinzessin Eugenie
13. **Edward** (*1964), Graf von Wessex,
    jüngster Sohn von Königin Elizabeth
14. **James** (*2007), Sohn von Prinz Edward
15. **Louise** (*2003), Tochter von Prinz Edward
16. **Anne** (*1950), Princess Royal,
    Tochter von Königin Elizabeth
17. **Peter Phillips** (*1977), Sohn von Prinzessin Anne
18. **Savannah Phillips** (*2010), älteste Tochter von Peter Phillips
19. **Isla** (*2012), jüngste Tochter von Peter Phillips
20. **Zara Tindall** (*1981), Tochter von Prinzessin Anne
21. **Mia Grace Tindall** (*2014),
    älteste Tochter von Zara Tindall
22. **Lena** (*2018), jüngste Tochter von Zara Tindall
23. **Lucas** (*2021), Sohn von Zara Tindall

Es bleibt in der Verwandtschaft

Königin Elizabeth II. und ihr verstorbener Mann Prinz Philip waren über einige Ecken miteinander verwandt. Wie genau, zeigt dieser Stammbaum:

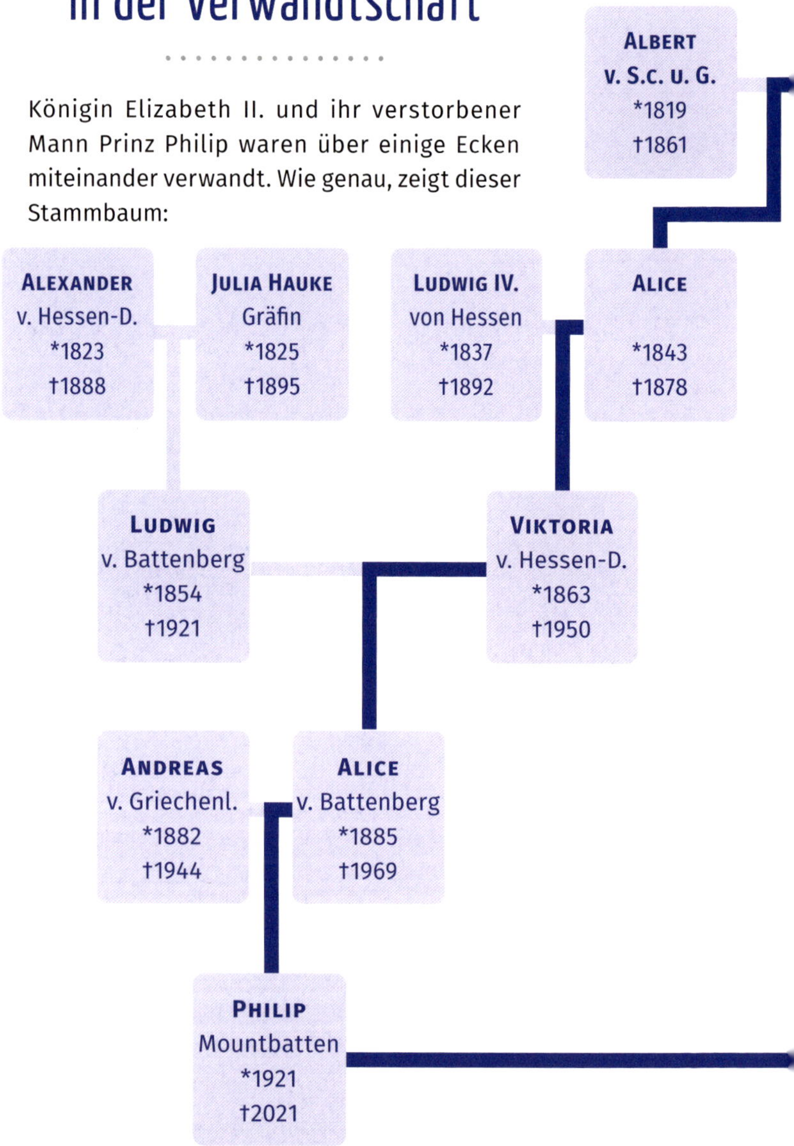

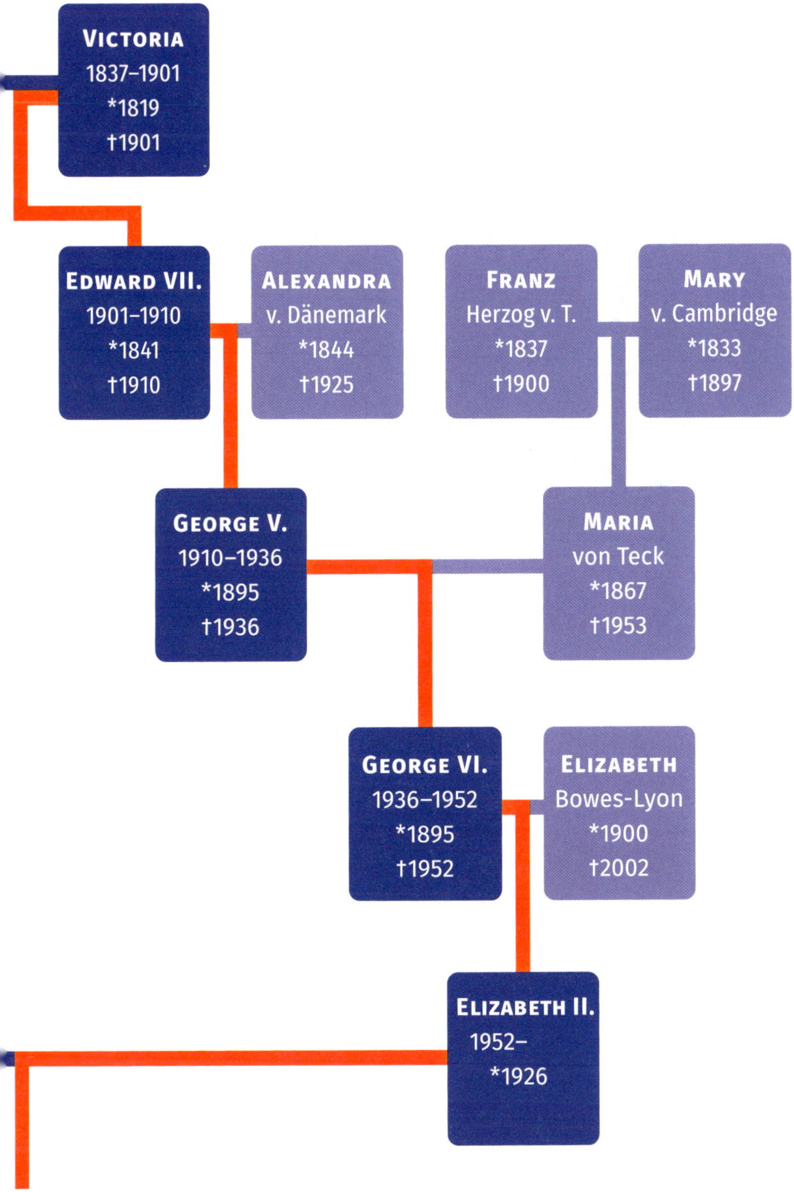
VICTORIA
1837–1901
*1819
†1901
EDWARD VII.
1901–1910
*1841
†1910
ALEXANDRA
v. Dänemark
*1844
†1925
FRANZ
Herzog v. T.
*1837
†1900
MARY
v. Cambridge
*1833
†1897
GEORGE V.
1910–1936
*1895
†1936
MARIA
von Teck
*1867
†1953
GEORGE VI.
1936–1952
*1895
†1952
ELIZABETH
Bowes-Lyon
*1900
†2002
ELIZABETH II.
1952–
*1926

Die Sache mit den Namen

Mitglieder royaler Familien werden niemals mit ihrem Nachnamen angesprochen. Dabei haben sie natürlich alle einen! Die schwedische Königsfamilie heißt Bernadotte. Die spanische trägt den Nachnamen Bourbon-Anjou und die dänische Schleswig-Holstein-Sonderburg-Glücksburg.

Und Königin Elizabeth und ihre Familie? Sie heißen Mountbatten-Windsor. Prinz Philip, der verstorbene Mann der Queen, brachte den deutschen Nachnamen Battenberg in die Familie, der wurde aber anglisiert: Mountbatten.

Und woher kommt der Name Windsor? Er ist eigentlich eine Verkürzung von „Windleshore“ (sinngemäß: Flussufer mit einer Winde). Die Stadt Windsor liegt in der englischen Grafschaft Berkshire und hat etwa 28.000 Einwohner. Das dortige Schloss Windsor ist der Hauptwohnsitz von Königin Elizabeth. Ihr Großvater König George V. bestieg 1910 den Thron. 1917 änderte er aufgrund der deutschfeindlichen Stimmung im Land während des Ersten Weltkriegs den Namen der Königsfamilie vom deutsch klingenden Sachsen-Coburg und Gotha einfach in Windsor um. Orientiert am gleichnamigen Schloss Windsor, das er so liebte. So begründete König Georg V. die neue Dynastie.

Mit den Gefühlen zwischen den Stühlen

Er spricht mit Blumen, Kakteen, Bäumen und Gräsern – vielleicht hätte er mehr mit seinen beiden Söhnen Prinz William und Prinz Harry sprechen sollen?

Charles wurde von verschiedenen alten Kindermädchen streng erzogen und war ein unglückliches Kind. Er meinte, dass er das weitergeben müsse. Der Thronfolger war der Meinung, dass sich seine erste Frau Prinzessin Diana zu viel um die Erziehung der Prinzen gekümmert hätte. Das sei Sache der Kindermädchen. Darüber war mit Diana aber nicht zu verhandeln – ein wesentlicher Grund, warum die Ehe scheiterte. Der Prinz von Wales brauchte jemanden, mit dem er vertraulich reden konnte. Und suchte 1986 wieder Kontakt zu seiner langjährigen Geliebten Camilla Parker Bowles. Sie war inzwischen verheiratet und hatte einen Sohn und eine Tochter. Charles wollte seine Ehe mit Diana retten, aber er wollte auch nicht von Camilla lassen. Er war mit den Gefühlen zwischen den Stühlen.

Heute lebt Prinz Charles mit seiner zweiten Frau Camilla in der Londoner Residenz Clarence House und auf dem Landgut Highgrove. Er ist der am längsten amtierende Thronfolger in der britischen Geschichte. Und er wird der älteste britische Kronprinz aller Zeiten sein, der König wird. Den bisherigen Rekord hielt William IV., welcher 1830 im Alter von 64 Jahren König wurde. Charles blickt im November 2021 bereits auf 73 Lebensjahre zurück.

Prinz Charles, feingemacht
aus Anlass seines 5. Geburtstags

Der einzige Sohn von Prinz Philip

Sie wollte nicht mit Puppen spielen oder Ballettunterricht bekommen, sondern war von Autos und Pferden fasziniert. Als einzige Tochter von Königin Elizabeth waren ihr Kleider und Schmuck egal. Sie liebte es, fluchend durch die Stallgasse zu laufen. Später sagte ihr Vater Philip einmal vollkommen im Ernst: „Ich habe nur einen einzigen Sohn. Und das ist Anne. Die anderen sind Weicheier oder sprechen mit Pflanzen!"

Prinzessin Anne war Schülerin der Spanischen Hofreitschule in Wien. Sie ist Reiterin und hat viele Jahre insbesondere Military als Wettkampfsport betrieben, wurde 1971 Europameisterin. Durch ihren Sport lernte sie Captain Mark Phillips kennen, den sie im November 1973 heiratete. Sie schenkte ihm zwei Kinder: Peter (1977) und Zara (1981).

Früh übt sich: Pferdenärrin Anne auf ihrem damaligen Lieblingspony „William", ca. 1957

Die Ehe scheiterte, wurde 1992 geschieden. Im Dezember des gleichen Jahres heiratete sie Commander Timothy Laurence. Die Hochzeit erfolgte in Schottland, weil die Church of England die kirchliche Wiederheirat Geschiedener ablehnt. Heute lebt Prinzessin Anne mit ihrem zweiten Mann auf dem Gut Gatcome Park in Gloucestershire. Sie hat sechs Enkelkinder, die sie liebt, obwohl sie öffentlich nicht herzlich mit ihnen umgeht. Die Prinzessin strahlt eine gewisse Kühle aus. Ach ja: Ihr zu Ehren wurde der „Prinzessin-Anne-Gletscher" in der Antarktis benannt …

Wenn der Verstand in die Hose rutscht

Er ist das Lieblingskind der Queen. Nach einer langen Ehekrise mit Philip wurde Elizabeth zehn Jahre nach der Geburt ihres zweiten Kindes Anne wieder schwanger. Andrew war das „Versöhnungskind“. Doch er war von Anfang an auch ihr Sorgenkind. Wegen seiner Beziehungen zu Models wurde er von der Presse zeitweise als „Randy Andy“ bezeichnet …

Er wurde ruhiger, als er 1986 die rothaarige Sarah Ferguson, genannt Fergie, heiratete. Sie haben zwei Töchter: Beatrice (1988) und Eugenie (1990). Von zwölf Monaten im Jahr war Andrew acht Monate als Offizier auf See. Fergie erlag während seiner Abwesenheit dem Charme ihres Finanzmaklers John Bryan. Paparazzi fotografierten das Paar, als er ihr die Zehen lutschte … Die Queen ordnete die Scheidung an.

Prinz Andrew hatte danach nie wieder eine feste Beziehung. Aber er pflegte eine lange Freundschaft zu dem US-Investmentbanker und später verurteilten Sexualstraftäter Jeffrey Epstein. Im Rahmen des Epstein-Prozesses wurde Andrew von einer der Zeuginnen belastet. Demnach soll er die damals Minderjährige bei Sexpartys missbraucht haben. Epstein habe der Minderjährigen gesagt, dass sie mit dem Prinzen machen solle, was immer er verlange, und ihm im Anschluss die Details zu berichten habe. Epsteins Absicht war es, Erpressungsinformationen zu erhalten. Die nützten ihm aber schließlich auch nichts: Er nahm sich in seiner Zelle das Leben.

Im Mai 2020 wurde bekanntgegeben, dass Prinz Andrew das Königshaus dauerhaft nicht mehr vertreten werde.

Das Weichei der Windsors

Man sollte meinen, als jüngster Sohn der Queen und Philip wurde der Prinz von allen verhätschelt. Aber dem war ganz und gar nicht so.

Das erste offizielle Foto von Queen Elizabeth und ihrem jüngsten Sohn Prinz Edward

Er wurde zunächst von einer Gouvernante unterrichtet, wechselte dann ab 1972 an die Heatherdown Preparatory Schule in Ascot. Nach seinem Collegeabschluss begann Edward im Oktober 1986 eine Offiziersausbildung bei den Royal Marines. Er zeigte sich der harten Grundausbildung aber nicht gewachsen und beendete den Militärdienst vorzeitig. Deswegen wurde er von seinem Vater als „schreckliches Weichei" beschimpft.

Die Presse veröffentlichte Spekulationen, nach denen Prinz Edward homosexuell sei. Er ärgerte sich darüber und sagte in einem Interview: „Ich bin nicht schwul! Basta!"

Die Gerüchte endeten, als er im Juni 1999 die bürgerliche Sophie Rhys-Jones heiratete: 2003 kam Louise zur Welt, 2007 James. Bei der Geburt der Tochter gab es Komplikationen. Das Baby war jahrelang schwer krank. Die besten Spezialisten der Welt konnten das Kind aber heilen – und ihr Großvater Prinz Philip! In der Öffentlichkeit wusste kaum jemand, wie rührend er sich um die kranke Enkelin Louise kümmerte. Er brachte ihr sogar bei, wie man eine Kutsche fährt.

Der Prinzgemahl verfügte in seinem Testament, dass Louise seine Kutsche und die vier Pferde erbt …

Wer ist eigentlich Prinz Henry?

Klingt eigentlich einfach: Elizabeth Alexandra Mary Mountbatten-Windsor. Das ist der Name der Queen. Aber so einfach ist es nicht mit den Namen bei den Royals …

Im Vereinigten Königreich lautet der vollständige Titel: „Elizabeth the Second, by the Grace of God, of the United Kingdom of Great Britain and Northern Ireland and of Her other realms and territories Queen, Head of the Commonwealth, Defender of the Faith“. „Elizabeth die Zweite, von Gottes Gnaden Königin des Vereinigten Königreichs Großbritannien und Nordirland und ihrer anderen Königreiche und Territorien, Oberhaupt des Commonwealth, Verteidigerin des Glaubens“.

Der verstorbene Mann von Königin Elizabeth war als Prinz Philip oder Herzog von Edinburgh bekannt. Sein Geburtsname: Prinz Philippos Andreou von Griechenland und Dänemark.

Kommen wir zum vollständigen Namen des Thronfolgers: Charles Philip Arthur George, Prinz von Wales, Herzog von Cornwall, Herzog von Rothesay und Herzog von Edinburgh, Lord von Chester, Lord von Carrick, Lord von Merioneth, Baron Greenwich, Baron von Renfrew. Kein Wunder, dass Lady Diana Spencer bei ihrer Hochzeit mit Prinz Charles beim Ehegelübde vor dem Altar ein Namensdreher passierte! Sie sagte: „So nehme ich dich Philip Charles Arthur George …“ statt: „So nehme ich dich Charles Philip Arthur George …“

Prinz Williams vollständiger Name lautet: William Arthur Philip Louis, Herzog von Cambridge. Etwas seltsam ist es bei Prinz Harry, der eigentlich gar nicht Harry heißt. Sein offizieller Name lautet Prinz Henry Charles Albert David, Herzog von Sussex, Lord von Dumbarton, Baron Kilkeel. Seine Mutter wünschte sich, dass er von allen nicht Henry, sondern Harry genannt wird. Sie gab dafür keine Begründung an. Wenn der Buckingham-Palast offizielle Schreiben über Harry veröffentlicht, wird er als „Prinz Henry“ bezeichnet.

Die Lady, die eine Prinzessin war

Die Mutter von Prinz William und Prinz Harry gehört zu den bekanntesten Frauen der Welt. Und über 90 Prozent der Menschen sagen „Lady Di“ oder „Lady Diana“, wenn sie von ihr sprechen. Das ist aber falsch, denn sie heißt: Prinzessin Diana.

Sie wurde zwar am 1. Juli 1961 als Lady Diana Spencer geboren. 1981 wurde sie aber durch ihre Hochzeit mit Prinz Charles Prinzessin von Wales. Ganz korrekt: Ihre Königliche Hoheit Diana Prinzessin von Wales. So hieß sie bis zur Scheidung 1996 und war Kronprinzessin des Vereinigten Königreichs. Bei der Scheidung verlor sie den Titel Königliche Hoheit. Sie war auch nicht mehr die Prinzessin von Wales, sondern durfte sich nur noch Prinzessin Diana von Wales nennen. Um das genau zu erklären: Die Bezeichnung „Prinzessin von Wales“ ist ein Titel. Und die Bezeichnung „Prinzessin Diana von Wales“ ist ein Name. Wie dem auch sei: „Lady Di“ oder „Lady Diana“ ist auf jeden Fall falsch!

Queen Sharon

Elizabeth Alexandra Mary sind die drei Vornamen der Queen. Sie hat aber auch eine ganze Menge Spitznamen:

Als junges Mädchen wurde sie von ihrer Familie „Lilibet“ genannt, das ist eine Verniedlichung von Elizabeth. Seit ihrer Krönung sagt das aber niemand mehr zu ihr.

Elizabeths Onkel, der damalige König Edward VIII., sprach sie liebevoll mit „Shirley Temple“ an. Er meinte, sie habe wegen ihrem rundlichen Gesicht und dem lockigen Haar Ähnlichkeit mit dem amerikanischen Kinderstar.

Prinz George und Prinzessin Charlotte, die Kinder von Prinz William und Herzogin Kate, nennen ihre Uroma „Gan-Gan“. Das ist eine Art Abkürzung der britischen Form von Oma, also Granny.

Auch Prinz William hatte sich als Dreikäsehoch einen ganz besonders kecken Spitznamen für seine Großmutter einfallen lassen. Da er als Kind nicht Granny sagen konnte, nannte er sie einfach „Gary“.

Prinz Philip hatte die sonderbarsten Kosenamen für seine Frau: Er rief sie „Sausage“ (Würstchen) oder „Cabbage“ (Kohlkopf). Warum er sie so nannte, blieb sein Geheimnis.

Die Queen wird auch „Sharon“ genannt. Und zwar von den Leibwächtern und Sicherheitsbeamten. Der Grund: Dieser Name ist einfach zu merken, anonym und dient vor allem der Sicherheit. So sollen Außenstehende nicht gleich hellhörig werden, wenn „Sharon“ in der Nähe ist ...

Der Schicksalspalast

Wenn man Königin Elizabeth fragt, wo ihr Zuhause ist, antwortet sie: „Windsor Castle!" Dort wohnt sie das ganze Jahr über. Dort wurde Prinz Philips Mutter Prinzessin Alice von Battenberg 1885 geboren, dort starb Prinz Philip im April 2021.

Obwohl Schloss Windsor 1012 Räume auf 45.650 Quadratmetern hat, wirkt es gediegener als die königlichen Residenzen Buckingham-Palast, Schloss Sandringham oder Schloss Balmoral. Sogar der Speisesaal für Staatsbankette strahlt eine gewisse Gemütlichkeit aus – dabei ist er 55 Meter lang und bietet 162 Gästen Platz. Die Küche

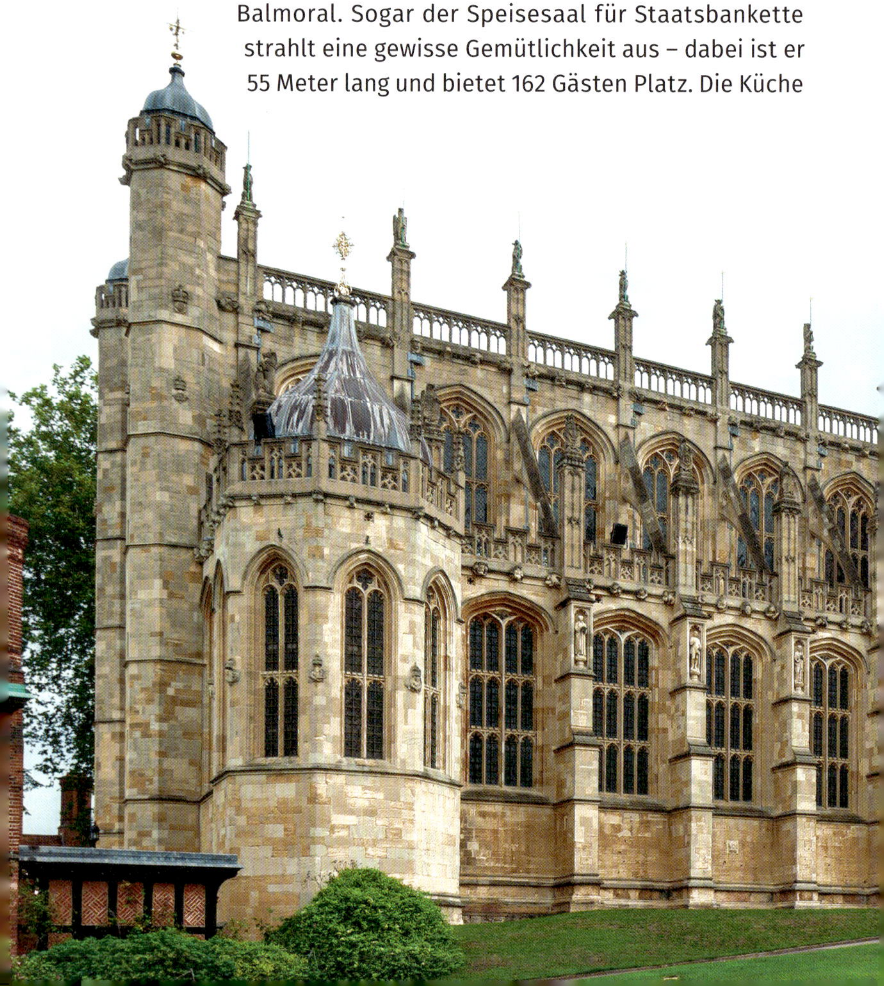

befindet sich an der Nordseite und ist seit 752 Jahren im Gebrauch.

Die Privaträume auf Schloss Windsor, in denen noch nie fotografiert worden ist, bezeichnet die Queen als „harmonisch heimelig“. Nur das Geticke der vielen Uhren störe sie mitunter! Insgesamt gibt es 379 Uhren im Schloss, die alle funktionstüchtig sind und von einem Kammerdiener betreut werden …

Ein dramatischer Tag war der 20. November 1992: Ausgerechnet am 45. Hochzeitstag von Elizabeth und Philip wäre Schloss Windsor fast niedergebrannt. Bei Renovierungsarbeiten in der Privatkapelle entzündete ein Halogenstrahler einen Vorhang – das Feuer zerstörte 107 Räume und viele wertvolle Gemälde und Wandteppiche. Dank aufwendiger Renovierungsarbeiten konnten aber alle Spuren des Unglücks beseitigt werden.

Es ist das älteste bewohnte Schloss der Welt: Windsor Castle

Die „Queen Elizabeth“ auf Ihrem Balkon

Wie bei der Namensgeberin handelt es sich bei der Beetrose „Queen Elizabeth“ um eine aufrechte und edle Pflanze, die Halbschatten ebenso verträgt wie Sonne und rauhe Lagen. Sie ist eine Mischung aus den alten Rosen „Charlotte Armstrong“ und „Floradora“.

Der Amerikaner Walter Edward Lammerts (1904–1996) hat sie 1953 zu Ehren der britischen Königin anlässlich ihrer Krönung gezüchtet. Sie ist eine gesunde und stark wüchsige Edelrose mit großem, glänzendem Laub. Sie wird bis zu 2 Meter hoch, ist robust und blüht reich. Ihre leicht gefüllten, lachsrosafarbenen, majestätischen Blüten sind regenfest und stehen auf starken Stielen. Sie ist eine moderne Rosensorte, die bis zum Frost durchblüht. Sie besticht durch ihren ungewöhnlichen Duft: fruchtig, zugleich herb mit einer lieblichen Komponente. „Queen Elizabeth“ erhielt viele internationale Auszeichnungen und wurde 1978 zur Weltrose gewählt.

Im Vereinigten Königreich blüht „Queen Elizabeth“ in jedem Schlosspark. Viele schöne Exemplare gedeihen vor allem im Garten von Schloss Windsor und im Park von Schloss Sandringham. Man kann sich „Queen Elizabeth“ auch in Deutschland in den Garten oder auf den Balkon holen. Sie ist in vielen Gartencentern oder natürlich auch online erhältlich.

Die Rose „Queen Elizabeth“ leuchtet kräftig rosa.

Ein Landhaus auf See

Die Queen bezeichnete sie mal als ihr einzig richtiges Zuhause: die „Britannia". Selten gerät Königin Elizabeth öffentlich ins Schwärmen. Aber wenn Gespräche auf die königliche Yacht kommen, leuchten ihre Augen. Sie könnte stundenlang von diesem „schwimmenden Palast" erzählen.

An der Einrichtung der Yacht haben die junge Königin und ihr Mann Prinz Philip 1953 selbst mitgewirkt. Architekt Hugh Carsson: „Einfachheit war der Schlüssel. Die Grundidee war, den Eindruck eines Landhauses auf See zu geben."

Die „Britannia" wurde auf der Werft John Brown & Company in Schottland gebaut. Nach ihrem Stapellauf und der Taufe durch Königin Elizabeth wurde sie am 11. Januar 1954 in Dienst gestellt. Das königliche Schiff hat 968 offizielle Besuche hinter sich gebracht, mehr als eine Million Meilen gefahren und über 600 Häfen in 135 Ländern angelaufen. Außerdem verbrachten Prinz Charles und Prinzessin Diana 1981 ihre Flitterwochen auf diesem Schiff.

Die letzte offizielle Mission der „Britannia" bestand darin, Chris Patten (den letzten britischen Gouverneur Hongkongs) zusammen mit Prinz Charles nach der Übergabe der Kronkolonie an die Volksrepublik China aus der Stadt zu bringen.

Am 11. Dezember 1997 um 15.01 Uhr wurde das Schiff schließlich außer Dienst gestellt. Die sonst eher reservierte Queen vergoss zum ersten Mal öffentlich ein paar Tränen, als sie zum letzten Mal von Bord ging.

Heute liegt die „Britannia" als Museumsschiff im Hafen von Leith bei Edinburgh in Schottland. Etwa 300.000 Besucher erkunden jährlich die ehemalige schwimmende Residenz der Queen. Für umgerechnet rund 15 Euro kann jeder einen Blick ins Schlafzimmer der Königin werfen.

Mehr über die „Britannia" als Museumsschiff unter:
www.royalyachtbritannia.co.uk

1959 mit dem Königspaar an Bord der Britannia: der kanadische Premierminister Diefenbacher und der amerikanische Präsident Eisenhower nebst Ehefrauen

STECKBRIEF DER „BRITANNIA"

FLAGGE: **Vereinigtes Königreich**
SCHIFFSTYP: **Staatsyacht**
BAUWERFT: **John Brown & Company, Clydebank**
BAUNUMMER: **691**
STAPELLAUF: **16. April 1953**
INDIENSTSTELLUNG: **11. Januar 1954**
AUSSERDIENSTSTELLUNG: **11. Dezember 1997**
VERBLEIB: **Museumsschiff im Hafen von Leith**
LÄNGE: **126 m**
BREITE: **17 m**
TIEFGANG: **max. 4,6 m**
VERMESSUNG: **5.769 BRT**
BESATZUNG: **236 Mann**
MASCHINE: **Dampfturbine**
MASCHINENLEISTUNG: **12.000 PS**
HÖCHSTGESCHWINDIGKEIT: **21,5 kn oder 40 km/h**

Klein, aber oho

Alle Mitglieder der britischen Königsfamilie schauen voller Respekt zu Königin Elizabeth hinauf. Dabei ist sie rein von der Größe her betrachtet die Kleinste. Überhaupt kann man sich mit der Einschätzung vertun, denn Bilder und Filmausschnitte können täuschen. Hier eine interessante Größenaufstellung der Windsors:

Königin Elizabeth: **1,63 m**
Prinz Charles: **1,77 m**
Herzogin Camilla: **1,73**
Prinz William: **1,91 m**
Herzogin Kate: **1,75 m**
Prinz Harry: **1,86 m**
Herzogin Meghan: **1,68 m**
Prinzessin Anne: **1,67 m**
Prinz Andrew: **1,83 m**
Herzogin Sarah „Fergie“: **1,72 m**
Prinz Edward: **1,83 m**
Gräfin Sophie: **1,65 m**

Wenn William und seine Großmutter Queen Elizabeth nebeneinander stehen, sieht man die fast 30 cm Größenunterschied sehr deutlich …

AHA!

Alles außer Griechenland!

Die Queen kommt ganz schön rum: Während ihrer Regentschaft hat sie 266 Staatsbesuche in 116 Ländern auf der ganzen Welt absolviert. Rekord für einen britischen Monarchen. Und Weltrekord auch für ein Staatsoberhaupt. Niemand ist so viel und weit gereist wie die Queen. Doch ausgerechnet in ein Land in Europa hat sie noch nie einen Fuß gesetzt: Griechenland.

Der Grund dafür liegt in der Familie und heißt Prinz Philip. Der Ehemann der Queen wurde 1921 als Sohn von Prinz Andreas von Griechenland und Prinzessin Alice von Battenberg auf Korfu geboren. Er war ein Enkel von König Georg I. von Griechenland und Cousin der Könige Georg II. und Paul. Nach einem Militärputsch wurde die ganze griechische Königsfamilie 1924 gezwungen, ins Exil zu gehen. Die Monarchie wurde abgeschafft und die Republik Griechenland ausgerufen.

Ein unbequemer geschichtlicher Aspekt, über den die Queen aus Solidarität zu ihrem verstorbenen Mann „not amused" ist. Philip war zum Zeitpunkt des Putschs noch ein Kind, erst drei Jahre alt. Seine Familie irrte durch halb Europa und fand bei Verwandten Unterschlupf. Es waren traurige Jahre, die den jungen Prinzen Philip prägten. Und so etwas vergisst Königin Elizabeth niemals ...

Pferdenarren

Die Queen ist eine große Pferdefreundin und begeisterte Reiterin. Voller Überzeugung sagt John Warren, Zuchtberater und Racing Manager der Queen: „Sie wäre eine hervorragende Trainerin geworden!" Pferde sind ihre Leidenschaft. Sie ist sattelfest, wie man so schön sagt, und das nicht nur auf dem Pferd, sondern auch, wenn es um die Themen Pferdesport und Zucht geht.

Was die wenigsten Menschen wissen: Als Rennstallbesitzerin und Pferdezüchterin genießt sie in der Branche weltweites Ansehen – und macht eine Menge Geld. Laut „Daily Mail" verdiente sie zwischen 1988 und 2019 umgerechnet 8,8 Millionen Euro auf den Rennbahnen. Das Pferd, das ihr bis dato am meisten Geld einbrachte, ist der Hengst Carlton House, ein Geschenk des Herrschers von Dubai, Scheich Mohammad Al Maktoum. Der Galopper brachte der Queen 876.000 Euro ein, inzwischen betätigt er sich als Deckhengst. In drei Jahrzehnten nahmen die Pferde der Königin an 3205 Rennen teil. 534 davon haben sie gewonnen.

Die Begeisterung für Pferde wurde Elizabeth in die Wiege gelegt. Ihre Eltern waren große Pferdefreunde. Geweckt wurde Lilibets Leidenschaft, als sie

im zarten Alter von drei Jahren auf einen Pferderücken gesetzt wurde. Und als ihr Großvater König George V. ihr ein Jahr später das Shetlandpony Peggy schenkte, war es um sie geschehen. Auch heute noch reitet Königin Elizabeth jeden zweiten Vormittag im Park von Schloss Windsor aus.

Die Liebe zu Pferden und dem Reitsport hat sie weitergegeben an ihre Tochter Prinzessin Anne, die Schülerin der Spanischen Hofreitschule in Wien und in den 1970er Jahren als Military-Reiterin erfolgreich war – 1971 wurde sie Europameisterin und daraufhin in Großbritannien zur „Sportlerin des Jahres" gewählt. Ihre 1981 geborene Tochter Zara Tindall, Enkelin der Queen, trat in ihre Fußstapfen als Europameisterin im Vielseitigkeitsreiten (2005) und ist darüber hinaus als Springreiterin erfolgreich.

Aber auch die Männer der Familie waren oder sind im Pferdesport aktiv: William und Harry spiel(t)en Polo, die Jagd zu Pferde ist nach wie vor ein beliebter Zeitvertreib des britischen Adels und beim Pferderennen in Ascot ist man ohnehin immer dabei …

Prinzessin Anne, 1976

Die Geschichte mit dem Reitlehrer

Der ehemalige Offizier James Hewitt war der Reitlehrer und Geliebte von Prinzessin Diana. Die Affäre begann, als Prinz Charles sich wieder mit seiner ehemaligen Flamme Camilla Parker Bowles traf. James Hewitt über die Prinzessin von Wales: „Sie hatte diese Aura von etwas Besonderem um sich. Unsere Gefühle entstanden ganz allmählich. Und dann, plötzlich, kannst du nicht mehr genug voneinander bekommen. Kannst dich nicht oft genug sehen."

Immer wieder geistert die Geschichte um die Welt, dass James Hewitt der Vater von Prinz Harry ist. Weil er doch die gleichen roten Haare wie der Reitlehrer hat.

Tatsache Nummer eins: Die roten Haare hat Harry von Prinzessin Dianas Familie Spencer. Fragt man James Hewitt direkt nach der Vaterschaft, sagt er: „Nein, ich bin nicht Harrys Vater. Diese Geschichte verkauft Zeitungen. Es ist schlimm für Harry. Armer Kerl!"

Tatsache Nummer zwei: Die Affäre zwischen Hewitt und der Prinzessin von Wales begann 1986. Und Prinz Harry wurde 1984 geboren. So einfach ist das!

James Hewitt ist heute 63 Jahre alt und lebt als Einsiedler im Südwesten Englands. Über seine Affäre mit Prinzessin Diana gesteht er heute: „Nein, ich bereue es nicht, Diana getroffen zu haben. Ich bedauere einige Dinge, die dadurch entstanden sind. Ich denke, sie war eine Frau, in die man sich sehr leicht verlieben konnte."

Die Königin der Herzen

Viel zu früh und unter mysteriösen Umständen verstorben, ist und bleibt Diana für die Menschen ein wichtiges Mitglied des englischen Königshauses, auch wenn sie nach der Scheidung von Charles offiziell nicht mehr dazu gehörte. Sie wird von vielen Menschen noch heute verehrt als eine liebevolle Mutter und für ihr mitfühlendes Wesen. Diese Zitate machten Diana unsterblich:

„Ich möchte Königin sein in den Herzen der Menschen."

„Die Bemühung um Hilfe für die Schwächsten in der Gesellschaft ist für mich das größte Glück. Mittlerweile ist dieses Streben ein grundlegender Bestandteil meines Lebens. Eine Art Schicksal. Wenn jemand, dem es schlecht geht, nach mir ruft, komme ich im Lauftritt angerannt, wo immer er auch ist."

„Gerade noch war ich ein Niemand und im nächsten Moment war ich Prinzessin von Wales, Spielzeug der Medien und Mitglied dieser Familie, und das war einfach zu viel für einen einzigen Menschen."

„Bevor ich in die königliche Familie einheiratete, waren mir Eifersucht, Depression und Traurigkeit unbekannt."

„So oft wie möglich umarme ich meine Kinder, und ich schlafe mit ihnen nachts in einem Bett."

„Ich will nicht, dass meine Söhne genauso leiden müssen wie ich."

„Ich fühle mich den verschiedenartigsten Menschen nahe. Wir sind sofort auf der gleichen Ebene, der gleichen Wellenlänge. Darum ärgern manche Leute sich so über mich."

„Jeder vernünftige Mensch hätte Großbritannien längst verlassen. Aber ich kann das nicht. Ich habe meine Söhne."

„Ich möchte, dass meine Söhne in dem Wissen aufwachsen, dass es sowohl Paläste gibt als auch arme Menschen."

„Ich bin den Menschen am unteren Ende der Gesellschaft viel näher als denen ganz oben, und das verzeihen mir diese nicht."

„Ich bin keine politische Persönlichkeit, ich bin eine humanitäre Persönlichkeit, und das werde ich immer bleiben."

„Ich habe meinen Kindern Bereiche nahegebracht, die man in dieser Familie früher vermutlich nie zu sehen bekam, wenn man in ihrem Alter war. Sie sind in der Lage, über dieses Wissen zu verfügen. Selbst wenn sie es nicht nutzen, ist die Saat doch gelegt, und ich hoffe, dass sie wächst und gedeiht, denn Wissen ist Macht."

„Ich bringe soviel Last mit. Jeder, der mit mir zum Abendessen ausgeht, muss die Tatsache akzeptieren, dass alles, was ihn betrifft, in den Medien breitgetreten wird. Die Fotografen werden sogar seine Mülltonnen durchwühlen."

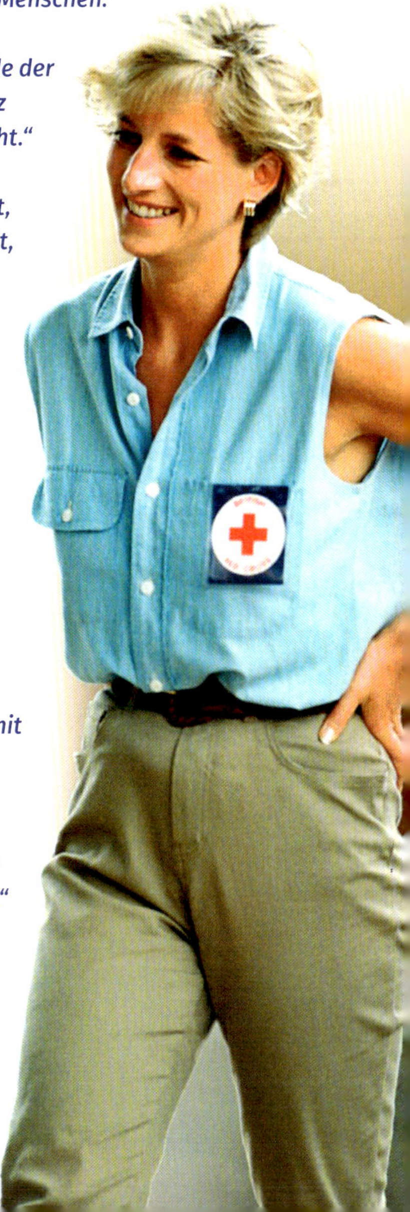

Diana in Angola,
1997

Diana forever

Am 1. Juli 2021 enthüllten Prinz William und Prinz Harry im Garten des Kensington-Palastes eine Statue ihrer Mutter Prinzessin Diana. Es zeigt sie als Hüterin und Beschützerin der Armen, Schwachen und Kinder.

Breiter Designer-Gürtel, Hemdbluse, Bleistiftrock und Perlenohrringe – dieses Outfit trug Prinzessin Diana wirklich! Der Bildhauer Ian Rank-Broadley orientierte sich an einer Weihnachtskarte der Prinzessin aus dem Jahr 1993. Auf dem Foto ist Diana mit ihren Söhnen William und Harry zu sehen. Es war die erste Weihnachtskarte, die sie ohne Prinz Charles verfasste – nach der offiziellen Trennung.

In einem Statement zum „Denkmal für die Ewigkeit" vermeldete der Kensington-Palast: „Die Statue soll die Wärme, Eleganz und Energie von Prinzessin Diana widerspiegeln, zusätzlich zu ihrer Arbeit und dem Einfluss, den sie auf so viele Menschen hatte. Das Porträt und der Kleidungsstil basieren auf der letzten Periode ihres Lebens, als sie Vertrauen in ihre Rolle als Botschafterin für humanitäre Zwecke gewann, und sollen Wärme und Mitgefühl vermitteln."

Prinz William und Prinz Harry veröffentlichten eine gemeinsame Erklärung: „Heute, am 60. Geburtstag unserer Mutter, erinnern wir uns an ihre Liebe, Stärke und ihren Charakter. Eigenschaften, die sie zu einer Kämpferin für das Gute in der Welt gemacht und unzählige Leben zum Besseren verändert haben. Jeden Tag wünschen wir uns, dass sie noch bei uns wäre, und wir hoffen, dass diese Statue für immer als Symbol ihres Lebens und ihres Vermächtnisses gesehen wird."

DIA CESS OF W

AHA!

Verbotene Liebe(n)

Die Liebe geht manchmal seltsame Wege. Und Liebeskummer macht auch vor Royals nicht halt …

Im Sommer 1971 lernte Prinz Charles die blonde Camilla Shand auf einer Party kennen. Beide amüsierten sich über eine Geschichte aus dem Jahr 1897: Camillas Urgroßmutter Alice Keppel war acht Jahre die Geliebte von Prinz Charles' Ururgroßvater König Edward VII. Camilla soll frech gesagt haben: „Wenn unsere Vorfahren sowas gemacht haben, wie wäre es denn heute

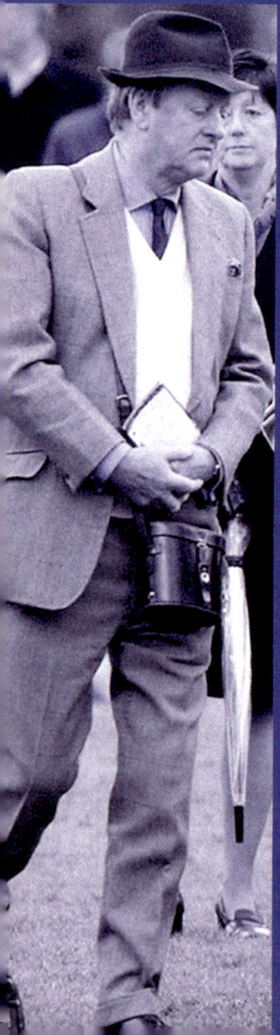

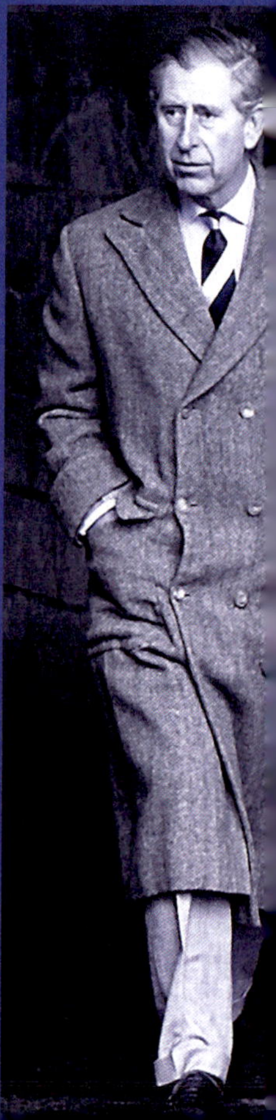

mit uns?“ Das hatte noch nie jemand zum Thronfolger gesagt! Charles verliebte sich in Camilla, er wollte sie heiraten. Aber die Queen sagte: Nein!

Zur gleichen Zeit verliebte sich Prinzessin Anne in den schmucken Major Andrew Parker Bowles. Sie wollte seine Frau werden. Aber auch da sagte die Queen: Nein!

Die Presse bekam Wind von den Liebeleien; es begann ein Ablenkungsmanöver: Camilla Shand heiratete Andrew Parker Bowles – und die Welt war für die Presse wieder in Ordnung.

In Wirklichkeit konnte sich Charles weiter mit Camilla treffen – und Anne mit Andrew Parker Bowles. Doch Hofschranzen kamen dahinter und die Queen schickte Charles acht Monate zur See. Da wollte Anne das Spiel plötzlich nicht länger mitmachen, denn sie hatte sich in Captain Mark Phillips verliebt, den sie 1973 auch heiratete.

Jetzt saßen Camilla und Andrew allein da, und er wollte seine Frau nicht länger mit Charles teilen. Camilla bekam zwei Kinder. Und der unglückliche Prinz Charles musste 1981 Lady Diana Spencer heiraten.

Wie die Geschichte endete, wissen wir alle ...

Die vier Protagonisten der unglücklichen Liebesgeschichte

Königin Camilla?

Sie hat ein gutes Gespür hinsichtlich der öffentlichen Meinung. Obwohl sie durch ihre Hochzeit mit Charles zur Prinzessin von Wales wurde, tritt sie in der Öffentlichkeit stets als Herzogin Camilla oder Herzogin von Cornwall auf. In dem Wissen, dass das Volk Prinzessin Diana immer noch verehrt, empfindet es Camilla als unsensibel, sich Prinzessin von Wales zu nennen.

Die Zeiten haben sich gewandelt, die bösen „Rottweiler"-Beschimpfungen der Presse sind verstummt. Heute strahlt Camilla ganz selbstbewusst an der Seite von Prinz Charles und ist angekommen in der britischen Königsfamilie.

Kurz vor der Hochzeit mit dem Thronfolger im Jahr 2005 sagten dessen Söhne William und Harry: „Sie ist keine böse Stiefmutter. Sie ist eine Frau, die das Beste für unseren Vater ist." Sogar die Queen zollte ihr in einer Rede zum 70. Geburtstag von Prinz Charles Respekt. Sie sagte: „Vor allem unterstützt von seiner Frau Camilla hat er sein eigenes Ich gefunden, leidenschaftlich und kreativ."

Camilla wird zwar nie auf dem britischen Thron sitzen, doch mit der Krönung von Prinz Charles ist sie die nächste Königin von England. Ob sie sich so nennt oder „nur" Prinzgemahlin, liegt an ihr. Wenn es nach Charles ginge, hätte er sie gern offiziell als Königin an seiner Seite – mit der Anrede „Majestät".

Endlich am Ziel: Charles und Camilla bei ihrer Hochzeit am 9. April 2005

Ganz in Weiß

LADY ELIZABETH BOWES-LYON

Die Mutter der heutigen Königin hieß ebenfalls Elizabeth und ging als Queen Mum in die britische Geschichte ein. Am 26. April 1923, einem nasskalten Donnerstag, führte Lord Strathmore seine Tochter Elizabeth in der Westminster-Abtei zum Traualtar. Dort wartete ihr Bräutigam, der Herzog von York, späterer König George VI., und war von ihrem Anblick überwältigt. Ihr Hochzeitskleid war aus elfenbeinfarbenem Chiffonmoiré gefertigt und mit Silberfäden bestickt. Für heutige Verhältnisse eher unspektakulär. Trotzdem hatte das Brautkleid auf die jubelnde Bevölkerung großen Eindruck gemacht. Entworfen und geschneidert wurde die Robe von Madame Handley Seymour, der königlichen Kleidermacherin von Queen Mary. Ein Diadem trug Elizabeth nicht. Ihrem eigenen Wunsch entsprechend bestand der Kopfschmuck aus einem Stirnband mit Myrthenblättern, Orangenblüten und York-Rosen. Sie folgte damit der Mode der Zeit. Eine Kopie des mit Tüll und Perlenstickerei verbrämten Brautkleids erzielte 2019 bei einer Auktion umgerechnet 4033 Euro, fünfmal mehr als erwartet.

PRINZESSIN ELIZABETH

20. November 1947. Die Hochzeit der heutigen Queen Elizabeth mit Prinz Philip Mountbatten fiel in die mageren Jahre nach dem Krieg. Doch ihr Brautkleid

erfüllte nach langer entbehrungsreicher Zeit die Sehnsucht der Menschen nach etwas Glamour. Für einen Moment war es fast wieder wie in den besseren Zeiten des Britischen Empires. Doch an die schöne Hochzeitsrobe zu kommen, gestaltete sich nicht so einfach, wie man glauben möchte. Nur zwei Jahre nach dem Zweiten Weltkrieg war Großbritannien der Rationierung unterworfen. Bestimmte Güter waren nur beschränkt vorhanden, weshalb die Materialien für das umwerfende Kleid nur über Coupons erhältlich waren. So sparten die Braut und ihre Familie so viele Marken wie möglich an. Zusätzlich erhielt sie von der Regierung 200 weitere Coupons als Geschenk. In ihrem Kleid, bestehend aus elfenbeinfarbener Seide mit einer knapp 4 Meter langen Schleppe und einem Schleier aus Brüsseler Spitze, sah die junge Braut atemberaubend aus. Zusätzlich war das Kleid mit Kristallen und 10.300 aus Amerika importierten Saatperlen geschmückt. Die Robe entwarf der Hofschneider Norman Hartnell. Prinzessin Elizabeth trug dazu ein Diamant-Diadem aus dem Kronschatz.

LADY DIANA SPENCER

Mehr als 900 Millionen Menschen auf der ganzen Welt verfolgten am 29. Juli 1981 die Hochzeit von Lady Diana Spencer und Prinz Charles. Und alle hielten den Atem an, als sie das Brautkleid zum ersten Mal sahen. Das Designer-Ehepaar Elizabeth und David Emanuel lieferten ihr Meisterstück. Der Seidentaft wurde von Stephen Walters aus Suffolk hergestellt. Die Robe war verziert mit Handstickereien, Pailletten und 9800 Perlen, in der

Mitte ein Herzmotiv. Auf den Unterrock wurde ein Hufeisen aus 18-karätigem Gold als Zeichen für Glück gestickt. Der 1,40 Meter lange Schleier wurde aus handgefertigter Carrickmacross-Spitze aus dem Nachlass von Queen Mary hergestellt. Die Schleppe war 7,62 Meter lang. Als Diadem wählte Diana eine Tiara aus Weißgold mit Diamanten aus dem Fundus der Familie Spencer. Der Wert des Hochzeitskleides wurde auf umgerechnet 80.200 Euro geschätzt. Es ist eines der bekanntesten Kleider der Welt und war vor der Hochzeit eines der bestgehüteten Geheimnisse der Modegeschichte. Was damals aber niemand ahnte: Die Anproben des Brautkleides gestalteten sich schwierig, weil Diana an Bulimie erkrankt war. Sie verlor in den Monaten vor der Hochzeit zwei Kleidergrößen. Die Näherinnen wussten daher nicht, ob das Kleid am Tag der Hochzeit passen würde. Sie waren bis eine Stunde vor der Trauung in Bereitschaft. Aber es passte ...

KATE MIDDLETON

Als Prinz William am 29. April 2011 seine große Liebe Kate Middleton heiratete, stand das Kleid der jungen Braut im Mittelpunkt der Hochzeit. Es ist ein Entwurf der britischen Modedesignerin Sarah Burton. Sie ist Kreativdirektorin des britischen Modehauses Alexander McQueen. Der lange, weite Rock ist als Abbild einer

sich öffnenden Blume gestaltet. Mit weichen Falten, die sich nach unten hin öffnen. Am Rückteil ist eine Semi-Tournüre im viktorianischen Stil, die in einer 2,7 Meter langen Schleppe endet. Die Schneiderinnen benutzten alle drei Stunden neue Nadeln und wuschen sich alle 30 Minuten die Hände, um den Stoff rein zu halten. Die symmetrisch ausgearbeitete Spitzenapplikation ist in Handarbeit in einer Technik gefertigt, die in den 1820er Jahren in Irland entwickelt worden war und Carrickmacross-Spitze genannt wird. Dargestellt sind Rosen (ein Symbol Englands), Disteln (Schottland), Narzissen (Wales) und ein Kleeblatt (Irland). Auf dem Rücken befanden sich 58 Knöpfe aus Gazar-Seide und Organza, die mit Knopfschlaufen befestigt wurden. Der Unterrock war aus englischer Cluny-Spitze auf Seidentüll. Kate trug die „Cartier Halo Tiara" mit 739 Diamanten im Brillantschliff und 149 Diamanten im Baguette-Schliff aus dem Kronschatz.

MEGHAN MARKLE

Der 19. Mai 2018 war der große Tag von Prinz Harry und Meghan Markle. Das Kleid der Braut erschien so schlicht, als hätte ein Designer in weniger als zehn Strichen eine klassische Silhoutte zeichnen sollen: körpernah geschnitten, mit Wiener Nähten, schmal anliegenden, dreiviertellangen Raglanärmeln und einem

flachen U-Boot-Ausschnitt, der nicht mehr als die Schlüsselbeide freilegte. Die Designerin war Claire Wright Keller aus dem Hause Givenchy. Das Kleid bestand aus doppelt gewebter Seide, die eigens für diesen Anlass entwickelt wurde. Der Schleier war 5 Meter lang und mit 53 Blüten bestickt, für jedes Land des britischen Commonwealth eine. Wie eine alte Tradition vorschreibt, soll eine Braut an ihrem großen Tag neben etwas Altem, etwas Neuem und etwas Geliehenem auch etwas Blaues in ihrem Outfit verstecken. Irgendwo im Schleier war etwas Blaues eingenäht worden. Meghan enthüllte später: „Es war ein Stück von dem blauen Kleid, das ich an unserem ersten Date getragen habe." Das Diamant-Diadem stellte Königin Elizabeth zur Verfügung.

PRINZESSIN BEATRICE VON YORK

Die Tochter von Prinz Andrew und Herzogin Sarah („Fergie") heiratete am 17. Juli 2020 den Italiener Eduardo Mapelli Mozzi. Mit ihrem Brautkleid sorgte sie für eine große Überraschung: Sie trug ein altes Kleid ihrer Großmutter Königin Elizabeth. Das cremefarbene Taft-Kleid mit diamantenbesetztem Mieder wurde in den 1960er Jahren für die Königin vom Designer Norman Hartnell entworfen. Sie trug es bei der Filmpremiere von „Lawrence von Arabien" im Odeon Leicester Square in London. Sie holte es auch für die Parlamentseröffnung im April 1966 wieder aus der Kleiderkammer. Fast 60 Jahre später wurde die Robe jetzt zum Brautkleid. Angela Kelly, die persönliche Beraterin der Queen, hatte das Kleid an die Wünsche der Braut angepasst. So wurde es zum Beispiel mit kurzen Puffärmeln aus Tüll ergänzt. Prinzessin Beatrice trug das Diamant-Diadem, das ihre Großmutter Königin Elizabeth bei ihrer eigenen Hochzeit 1947 schmückte.

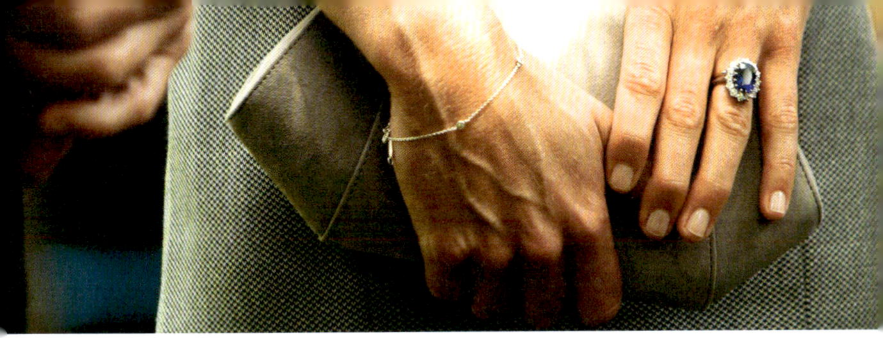

Wieso Kate Harrys Verlobungsring trägt

Während einer privaten Reise nach Kenia kniete Prinz William plötzlich vor Kate Middleton nieder und fragte sie, ob sie ihn heiraten will. Sie sagte sofort Ja – und er holte aus seinem Rucksack eine Schatulle mit dem Verlobungsring mit einem in Weißgold gefassten dunkelblauen Saphir umgeben von Diamanten.

Das war einst der Verlobungsring von Williams Mutter Prinzessin Diana. Sie hatte in ihrem Testament verfügt, dass ihr jüngster Sohn Prinz Harry den Ring für seine zukünftige Frau bekommen soll. Als William seinem Bruder sagte, dass er sich mit Kate Middleton verloben möchte, schenkte Harry ihm den Ring. Niemand weiß, ob er das heute vielleicht schon bereut. Kate jedenfalls war überglücklich und trägt den Ring zusammen mit ihrem Ehering.

Weniger zufrieden mit ihrem Verlobungsring war Meghan Markle: Prinz Harry hatte ihn selbst entworfen und vom Hofjuwelier arbeiten lassen. Er besteht aus Gold mit Diamanten. Den größeren mittleren Diamanten hatte Harry in Botswana gekauft. Dort hatten Harry und Meghan kurz nach dem Kennenlernen eine längere Zeit zusammen verbracht. Die beiden kleineren Diamanten stammen von einem Schmuckstück, das Prinzessin Diana gehörte. Meghan bedankte sich artig für den Verlobungsring – doch er gefiel ihr gar nicht. Weil er nicht genug funkelte, ließ sie zwei weitere Diamanten in den Ring verarbeiten …

Eine schrecklich nette Familie

Viele Briten sind der Meinung, dass Prinz William nach der Queen den Thron besteigen soll. Prinz Charles, seinen Vater, könnte man doch einfach überspringen ... Dann wäre auch das Problem gelöst, ob Herzogin Camilla nun Königin werden soll oder nicht. Doch so einfach ist das alles nicht!

Es kann laut Gesetz nur der Prince of Wales König werden. Und das ist nun mal Charles. Die Queen würde es nie erlauben, dass er als Prince of Wales zurücktritt und den Titel seinem Sohn William übergibt. Also wird Charles nach Königin Elizabeth die Krone übernehmen.

Unglücklich sind Prinz William und Herzogin Kate darüber wohl nicht. Sie sind dankbar, dass sie sich noch einige Jahre intensiv um die Erziehung ihrer drei Kinder Prinz George, Prinzessin Charlotte und Prinz Louis kümmern können. Als Königspaar hätten sie kaum Zeit für ihre Rasselbande.

William und Kate bezeichnen sich als „kleine glückliche Familie". Sie fühlen sich keineswegs als „Gefangene im goldenen Käfig", wie Williams Bruder Prinz Harry im Interview mit Oprah Winfrey behauptete.

William kennt durch Kates Eltern auch die bürgerliche Welt: Michael Middleton (ehemaliger Pilot) und Carole Middleton (ehemalige Stewardess) sorgen liebevoll dafür, dass William und Kate auf dem Teppich bleiben. Carole Middleton ist zudem Großmutter mit Herz und Seele. Ihre Enkel lieben sie, denn sie haben ja nur diese eine Oma, weil Prinzessin Diana nicht mehr lebt. Die britische Monarchie verdankt Kates Eltern mehr, als heute vielleicht zu erahnen ist. Weil sie ihrer Tochter eine bodenständige Lebensweise vermittelt haben, steht Großbritanniens übernächstes Königspaar mit beiden Beinen fest im Leben.

Eine eigene Kutsche für die Staatskrone

Zu den britischen Kronjuwelen gehören eine ganze Reihe von historischen Kronen. Die St. Edwards-Krone, mit der die Queen gekrönt wurde. Und die Krone des Prinzen von Wales, mit der Prinz Charles zum Thronfolger ausgerufen wurde. Die wichtigste und interessanteste aber ist die Imperial State Crown, die Staatskrone.

Sie wurde 1838 zur Krönung der jungen Königin Victoria hergestellt und 1937 neu aufgebaut. Sie ist verziert mit 2868 Diamanten, 11 Saphiren, 269 Perlen und 4 Rubinen. Zu den Diamanten zählt der Cullinan II, auch bekannt als „Second Star of Africa" und mit 317 Karat der größte Diamant der Welt. In der Imperial State Crown befinden sich auch zwei Ohrringe von Königin Elizabeth I., die von 1558 bis 1603 regierte, Diamanten von Maria Stuart und Katharina von Medici. Und schließlich ein Saphir, der im 11. Jahrhundert König Edward dem Bekenner gehört haben soll.

Die Staatskrone kann in der Schatzkammer im Tower besichtigt werden. Aber einmal im Jahr ist die Panzerglas-Vitrine leer. Dann steht da ein Schild mit den Worten „in use". Königin Elizabeth trägt diese Krone im House of Lords zur Parlamentseröffnung. Zu diesem Anlass wird die Staatskrone in einer eigenen Kutsche durch London zum Parlament gefahren. Dort setzt sich die Queen in einem eigens dafür geschaffenen Salon die Staatskrone aufs Haupt.

Mädchen für alles

Die einzige Freundin von Königin Elizabeth ist die 68-jährge Angela Kelly. Ihr offizieller Titel lautet: Persönliche Assistentin, Beraterin und Kuratorin Ihrer Majestät, der Königin. Sie hat geschafft, wovon viele nur träumen: Einst ein kleines Mädchen aus einer Sozialarbeiterwohnung in Liverpool, ist sie die Vertraute der

britischen Königin geworden. „Wir sind zwei typische Frauen", sagt Angela Kelly. „Wir diskutieren Kleidung, Make-up und Schmuck."

Ein seltener Anblick: Queen Elizabeth II. neben Vogue-Chefin Anna Wintour bei der London Fashion Week 2018. Mit dabei: Angela Kelly (2. v. r.)

Es ist zum Beispiel Frau Kelly zu verdanken, dass die Kleider der Queen auch bei Windböen niemals hochfliegen. Der Grund: Sie lässt in den Saum kleine Bleikügelchen einnähen. Somit werden peinliche „Marilyn-Momente“ vermieden.

Die Königin und ihre Chefstylistin haben eine Art Geheimsprache erfunden: Sie geben den Kleidern Namen. Dabei haben sie viel Spaß und wissen sofort, welches Kleid mit „Mary“, „Daisy“ oder „Sarah“ gemeint ist. An dieser Stelle sei erwähnt, dass Königin Elizabeth auch an heißen Sommertagen weder in „Mary“ noch in „Daisy“ schwitzt. Das liegt nicht an ihrem guten Deodorant, sondern an einer Anomalie: Die Queen schwitzt nie, weil sie diesbezüglich einen angeborenen genetischen Defekt hat.

Angela Kelly führt für die Queen ein Garderoben-Tagebuch. So weiß sie genau, welche Kleidungsstücke und Farben zu welchem Anlass getragen wurden. Sie notiert auch den Schmuck, den die Queen auswählte. Angesichts der umfangreichen Juwelensammlung hilft das, den Überblick zu behalten. Frau Kellys persönlicher Höhepunkt ist die jährliche Parlamentseröffnung, bei der sie der Queen beim Anlegen der Staatsrobe hilft, die Krone vom Kis-

sen nimmt und auf das Haupt der Queen setzt. Angela Kelly: „Die Großartigkeit dieses Moments raubt mir jedes Mal den Atem.“

Auch einigen Bediensteten im Palast raubt es schon mal den Atem. So geschehen bei dem ehemaligen Hausmädchen Margaret McClaude. Sie wollte den Tee servieren und sah, wie Angela Kelly der Queen die Füße massierte, während sie gemeinsam einen Film im Fernsehen schauten. Wenn die royalen Füße so gekonnt massiert wurden, passen sie perfekt in die handgefertigten Schuhe der Firma Anelo & Davide. Ein Paar kostet umgerechnet etwa 1100 Euro.

Neue Schuhe können zwicken und zwacken. Aber das kennt die Königin natürlich nicht. Denn neue Schuhe werden eingelaufen. Von wem? Von Angela Kelly natürlich. Sie sagt voller Überzeugung: „Da wir die gleiche Schuhgröße haben, macht das am meisten Sinn.“

Angela Kelly ist also „Mädchen für alles“. Nur das Make-up ist Chefinnen-Sache. Die Queen schminkt sich selbst – jeden Tag. Besonderen Wert legt sie dabei auf den richtigen Lippenstift. Sie bevorzugt die Nuance „Pillow Talk“ der britischen Kosmetikmarke Charlotte Tilbury. Bei der Maniküre kommt Angela Kelly dann wieder zum Einsatz. Die Queen benutzt seit über 30 Jahren den gleichen Nagellack. Dabei handelt es sich um einen zartrosafarbenen Lack mit dem Namen „Ballet Slippers“. Umgerechnet kostet ein Fläschchen 8 Euro.

Heimliche Botschaften mit der Handtasche

Königin Elizabeth ohne Handtasche ist wie London ohne den Buckingham-Palast. Die Handtaschen der Monarchin stammen vom Londoner Accessoire-Label Launer, das seit 1968 zu den königlichen Hoflieferanten gehört. Die kastenförmige, sehr strukturierte Silhouette der Taschen stammt aus den Anfängen der Marke Launer. Das Label wurde 1940 von Sam Launer gegründet.

Die liebste Handtasche der Queen ist die „Traviata Bag" aus Ziegenleder, die wie alle Launer-Handtaschen in etwas mehr als acht Stunden Handarbeit im britischen Walsall hergestellt wird. Sie kostet umgerechnet um die 2100 Euro.

Die Handtasche dient der Queen auch für heimliche Botschaften an die Hofdamen. Wenn die Tasche an der linken Hand baumelt, ist alles in Ordnung. Erhöhte Aufmerksamkeit ist geboten, wenn Elizabeth die Handtasche zum rechten Unterarm wechselt. Für ihre Vertrauten ein Zeichen, dass das Interesse an ihrem Gesprächspartner nachlässt. Kein Drama, aber man möge sie erlösen. Wenn die Königin die Tasche auf den Boden stellt, klingeln bei den Hofdamen alle Alarmglocken: Die Chefin möchte unverzüglich von ihrem Gegenüber befreit werden!

Und was hat die Königin in ihrer Handtasche? Laut Queen-Biografin Sally Bedell sind es fünf Dinge: eine Lesebrille, ein Füllfederhalter, Hundekuchen, ein kleiner Spiegel und ein Lippenstift. An Sonntagen ist außerdem ein Fünf-Pfund-Schein dabei – für die Kollekte in der Kirche.

Alles in Ordnung – erkennt man hier nicht nur am Lächeln der Queen, sondern auch an der am linken Handgelenk getragenen Tasche …

Schlüpfrige Geheimnisse

Wenn Königin Elizabeth mit dem Knöchel ihres rechten Mittelfingers auf die Tischplatte klopft, droht Gefahr. Das ist ihr Ausdruck höchster Erregung. Dann wissen die Bediensteten: Die Queen ist not amused! So geschehen, als ihr berichtet wurde, dass June Kenton ihre Memoiren unter dem Titel „Storm in a D-Cup" veröffentlicht hat.

Viele Jahrzehnte lang arbeitete Kenton eng mit der Queen und dem Palast zusammen. Sie ist die Gründerin des traditionellen Dessouslabels Rigby & Peller, bei dem Ihre Majestät ihre Unterwäsche orderte. So ein Kauf ist schon für eine bürgerliche Frau

ein sensibles und privates Thema. Und wenn man die Königin von England ist, wird doppelte Diskretion erwartet. Aber June Kenton plauderte in ihren Memoiren aus dem Nähkästchen: Sie schrieb von einer halb angezogenen Queen und ihren BH-Anproben! Außerdem verriet sie: „Ich habe Dianas Jungs nie getroffen, aber die Prinzessin hat nach dem Maßnehmen Plakate von Unterwäschemodels für ihre Söhne William und Harry mitgenommen, damit sie sie in ihrem College in Eton aufhängen konnten!"

Die Grauen Eminenzen im Palast hatten Schweißperlen auf der Stirn und rieten der Queen zur sofortigen Kündigung des Vertrages mit June Kenton. Nach 57 Jahren darf der Dessous-Klassiker nun nicht länger das königliche Wappen über seinem Flagship-Store zeigen ...

Betrunkene Corgis

Die Queen hat im Laufe ihres Lebens über 30 Corgis gehabt. Eine Menge Hunde, wenn man bedenkt, dass ihr Mann Prinz Philip die Corgis nicht mochte und sie ihn auch nicht!

Die ersten Corgis der Queen hießen Susan und Dookie und waren die Stammeltern aller ihrer Hunde. Sie hatte aber nicht nur Corgis, sondern auch Dargis. Letztere entstanden, als sich ihr Corgi-Junge Jackson in Prinzessin Margarets Dackelmädchen Molly verliebte. Das Ergebnis: acht Dargis!

Vor einigen Jahren bemerkte Elizabeth, dass ihre Lieblinge im Kreis liefen und manchmal umkippten. Die Diagnose des herbeigeeilten Tierarztes: Die Corgis sind betrunken! Als Übeltäter wurde der 28-jährige Lakai und Hundesitter Matthew King entlarvt. Er gab den Hunden Alkohol, weil er sich über die angeschwipsten Vierbeiner amüsierte. Mister King wurde nicht entlassen, sondern degradiert. Statt umgerechnet 1750 Euro bekam er monatlich nur noch 1500 Euro.

Die Queen persönlich suchte später einen neuen Corgisitter aus. Die Wahl fiel auf den 31-jährigen John Pool, weil die Hunde ganz verrückt nach ihm waren. Der Königin gefiel es, wie sie schwanzwedelnd an ihm hochsprangen. Mister Pool gestand später: „Ich hatte gebratene Hühnerkeulen in den Hosentaschen!"

Die verstorbenen königlichen Corgis liegen auf dem privaten Hundefriedhof im Park von Schloss Sandringham. Alle haben Grabsteine mit ihren Namen: Emma, Sherry, Holly, Monty, Honey, Cider und Candy.

Mit 95 Jahren wollte die Queen eigentlich keine jungen Hunde mehr. Aber Prinz Andrew schenkte ihr kurz vor dem Tod von Prinz Philip zwei Corgi-Welpen: Fergus (benannt nach dem Bruder von Queen Mum) und Muick (das ist der Lieblingssee der Königin in Schottland); leider starb Fergus infolge eines Herzfehlers bereits kurz darauf.

Corgis begleiten die Queen schon ihr Leben lang – und dürfen auch auf Reisen oder beim Familienfoto nicht fehlen!

„Ich spüle und Sie trocknen ab!“

Wenn sie nicht gerade eine Abendrobe mit Diadem aus dem Kronschatz trägt, ist die Queen eine ganz normale Frau, die mit beiden Beinen fest auf dem Boden steht. Sie ist sogar zupackend, was die praktischen Dinge des Lebens angeht. Und ihr ehemaliger Pressesprecher Dickie Arbiter musste feststellen, dass sie sich auch nicht vor Spülhänden fürchtet.

Mister Arbiter wurde 1988 kurz nach seinem Amtsantritt von Königin Elizabeth zu einem Picknick in einer Blockhütte beim schottischen Schloss Balmoral eingeladen. Es ergab sich folgende Szenerie: Die Queen, Prinz Philip, eine Palastmitarbeiterin und der Pressesprecher hatten gerade verschiedene Salate mit Hühnchen aus Tupperdosen gegessen. Dickie Arbiter erinnert sich: „Die Queen forderte uns auf, beim Abräumen zu helfen – also alle außer Prinz Philip, weil er so etwas niemals tun würde. In der Küche am Waschbecken dachte ich, hinter mir steht die Palastmitarbeiterin. Ich rief über die Schulter: *Ich spüle, Sie trocknen ab.* Da sagte die Stimme hinter mir ruhig, aber bestimmend: *Nein, ich spüle und Sie trocknen ab.* Es war Ihre Majestät die Königin, und natürlich habe ich die Biergläser und Tupperdosen abgetrocknet …“

Der Mann auf der Bettkante der Queen

Das Unvorstellbare geschah am 9. Juli 1982: Michael Fagan, ein damals 34-jähriger Arbeitsloser, brach in den Buckingham-Palast ein! Wie konnte es dazu kommen? Hatte denn keiner etwas bemerkt?

Im Gebäude begegnete dem Einbrecher ein Hausmädchen, das jedoch glaubte, Fagan sei ein Angestellter – und Sicherheitsangelegenheiten gehörten zudem nicht zu ihrer Zuständigkeit. Innerhalb des Palastes wurde auch Alarm ausgelöst; ein Wächter ging jedoch von einem Fehlalarm aus und stellte den Alarm ab.

Der Leibwächter Paul Whybrew, der vor der Schlafzimmertür der Königin wachen sollte, hatte für einige Minuten seinen Posten verlassen, um die Hunde der Queen auszuführen …

Fagan öffnete die Tür und trat ins Schlafgemach der Königin! Elizabeth erwachte, als er auf ihrer Bettkante saß und mit ihr zu reden begann. In den nächsten zehn Minuten hörte sie ihm geduldig zu, wobei sie allerdings währenddessen zweimal über einen Alarmknopf an der Unterseite des Bettes die Polizei herbeizurufen versuchte. Aber: Dieser Alarm war nicht angeschlossen. Die Queen war sich der Gefahr bewusst, sprach beruhigend auf Fagan ein. Nach endlos erscheinenden Minuten traf eine weitere Hausangestellte ein, die die Situation erkannte und die Polizei rief, die dann auch unverzüglich kam.

Im Anschluss an dieses Ereignis rollten Köpfe von Leibwächtern – und die Sicherheitsvorkehrungen im Palast wurden massiv erhöht. Fagan wurde angeklagt, aber nicht verurteilt. Er verbrachte mehrere Monate in einer psychiatrischen Klinik und wurde ohne Befund entlassen.

Unterwegs ohne Pass und andere Privilegien

Dass eine Königin besondere Rechte und Vorteile hat, erscheint uns normal. Ob das immer Sinn macht, ist umstritten. Hier ein paar besondere Privilegien der Queen:

Königin Elizabeth ist der einzige Mensch auf unserem Planeten, der sich ohne Ausweispapiere frei auf der ganzen Welt bewegen kann. Warum? Aus dem Buckingham-Palast heißt es dazu: „Da ein britischer Pass immer und ausschließlich im Namen Ihrer Majestät ausgestellt wird, ist es für die Königin unnötig, einen zu besitzen.“ Mit anderen Worten: Es macht keinen Sinn, dass sich die Queen selbst einen Pass ausstellt. Die meisten engsten Mitglieder der königlichen Familie besitzen Diplomatenpässe.

Wenn im Vereinigten Königreich Wahlen anstehen, bekommen Königin Elizabeth und ihre Verwandten – wie alle anderen britischen Staatsbürger – Wahlunterlagen zugeschickt. Die Queen ist aber noch nie wählen gegangen. Ihre engsten Familienmitglieder auch nicht. Der Grund: The Royal Family hält sich aus politischen Angelegenheiten heraus.

Die Königin darf niemals Kopf stehen! Es ist in Großbritannien seit 1848 verboten, eine Briefmarke mit Queen-Porträt verkehrt herum aufzukleben. Amüsanter Hintergrund: Seinerzeit fanden es Berater der legendären Queen Victoria als unpassend, Marken mit der Königin verkehrt aufzukleben. Ihr selbst soll das ziemlich egal gewesen sein. Aber Berater redeten ihr ein, sie könne Kopfschmerzen davon bekommen! So verbot die abergläubische Queen Victoria mit offiziellem Hoferlass, dass ihre Briefmarken auf dem Kopf stehen.

Ihre Majestät, die Automechanikerin

Elizabeth II. ist die einzige Königin auf der Welt, die ein Auto reparieren kann. Sie ist gelernte Automechanikerin!

Ausgebildet wurde sie während des Zweiten Weltkriegs. Mit 18 Jahren, im Februar 1945, ging sie zur Frauenausbildung der britischen Armee, wo sie unter der offiziellen Dienstnummer 230873 als „Second Subaltern ehrenhalber Elizabeth Windsor" Dienst leistete. In der Kfz-Lehre lernte sie, wie man ein Rad wechselt, Motoren dekonstruiert und umbaut. Sie kann auch einen Lkw und einen Krankenwagen mit Blaulicht steuern. Nach fünf Monaten wurde sie zum Junior Commander ehrenhalber befördert.

Einen Führerschein hat die Königin aber bis heute nicht. Dank einer Ausnahmegenehmigung braucht sie den im Vereinigten Königreich auch nicht. Sie fährt also sage und schreibe seit nunmehr 76 Jahren ohne Lappen. Kürzlich erwischten Paparazzi die 95-Jährige im Windsor Great Park. Am Steuer ihres dunkelgrünen Jaguars wich sie einer Familie aus und fuhr darum kurzerhand über den englischen Rasen. Das darf nur die Queen! Sie ist auch die einzige Person in Großbritannien, die ohne Nummernschild fahren darf. Allerdings auch nur in den offiziellen Autos, den „State Limousines". Bei diesen Autos ist statt des Kennzeichens das Wappen der Windsors über der Windschutzscheibe angebracht.

86

AHA!

Ganz schön viel Lametta!

Als Herzogin Camilla ihren Mann zum ersten Mal in der roten Galauniform der Welsh Guards sah, holte sie tief Luft und meinte: „Ganz schön viel Lametta!“ Nehmen wir die ordensträchtige Uniform doch mal genauer unter die Lupe. Welche Medaillen, Auszeichnungen und königlichen Details trägt der Thronfolger eigentlich zur Schau?

An der Uniform sind folgende Auszeichnungen zu sehen:

Sechs Medaillen (von links nach rechts):

* Der *Queen´s Service Order* (Verdienstorden, Neuseeland), den er 1983 erhielt
* Die *Coronation Medal* (Krönungsmedaille), die er 1953 erhielt
* Die *Silver Jubilee Medal* (Erinnerungsmedaille zum Silbernen Thronjubiläum der Queen), die er 1977 erhielt
* Die *Gold Jubilee Medal* (Erinnerungsmedaille zum Goldenen Thronjubiläum der Queen), die er im Jahr 2002 erhielt
* Die *Canadian Forces Decoration*, erhalten im Jahr 1991
* Die *New Zealand Commemorative Medal*, erhalten im Jahre 1990

Drei Bruststerne (rechts unter dem Medaillen):

* An der Spitze der *Most Noble Order of the Garter* (Hosenbandorden), den er 1968 erhielt
* Links darunter der *Most Ancient and Most Noble Order of The Thistle* (ältester und edelster Ritterorden/ Distelorden), den er 1977 erhielt
* Rechts daneben der *Most Honourable Order of the Bath Great Master* (höchst ehrenvoller Orden vom Bath-Orden), den er 1975 erhielt

Zwei Halsorden (am Kragen befestigt):

* Der *Order of Merit* (Verdienstorden) von 2002

* Der *Most Honourable Order of the Bath Great Master* (höchst ehrenvoller Orden vom Bath-Orden), den er 1975 erhielt.

Eine blaue Schärpe (über der Brust):
Der *Most Noble Order of the Garter* (hochedler Orden vom Hosenbandorden), der mit seinen *Army Flying Wings* an der linken Schulter festgesteckt ist.

Ein goldener Zopf (an der rechten Schulter):
Die Aiguillette (Achselschnüre) erkennt seine Ernennung zum Aide-de-Camp (ADC) von Königin Elizabeth II.

Ein Fallschirmspringerabzeichen auf seinem rechten Ärmel

Ein Lauchgemüse auf beiden Seiten des Kragens
(ein traditionelles Symbol von Wales)

Die Knöpfe haben in der Mitte eine Krone und ein Lauchgemüse – umgeben von einer Schriftrolle mit dem Motto des Regiments: „Cymru am Byth" (Wales Forever)

Das Schwert der Welsh Guards (Guards Officer's Sword von 1854) als Teil der Uniform der Welsh Guards

Eine gold-rot gestreifte Schärpe um die Taille als Teil der Uniform der Welsh Guards

The American Royals

Nachdem Prinz Harry und Herzogin Meghan nach Amerika gingen, traf die Queen eine schwere Entscheidung. Sie war der Meinung: Man kann nicht in der Ferne leben und Geld verdienen und gleichzeitig Teilzeit-Ehrenoberst beim britischen Militär sein. Also nahm sie ihrem Enkel, der zehn Jahre lang als Oberst gedient hatte, alle militärischen Titel weg. Genau 24 Stunden später entschied sich der enttäuschte Prinz, einem Interview mit Talk-Legende Oprah Winfrey zuzustimmen ...

In dem Interview holten Harry und Meghan zum Befreiungsschlag aus. Sie beklagten sich über schlechte Behandlung im Palast. Die Zeit nach der Hochzeit war angeblich so schlimm für Meghan, dass sie sich im fünften Monat ihrer Schwangerschaft umbringen wollte. Sie konnte es nicht ertragen, dass im Palast über die Hautfarbe ihres ungeborenen Babys diskutiert wurde.

Rassismus im Königshaus? Der Palast dementierte sofort. Harry hinterließ verbrannte Erde, als er in dem Interview sagte: „Mein Vater und mein Bruder sind Gefangene des Palastes!“

War das Interview nur Rache, weil Oma Queen Elizabeth ihm alle militärischen Titel genommen hatte? Darüber kann nur spekuliert werden.

In England ist die Mehrheit der Bevölkerung der Meinung, Harry habe sich selbst den roten Teppich unter den Füßen weggezogen und solle jetzt nicht jammern. Er habe schließlich die sogenannte Freiheit selbst gewählt.

Harry und Meghan wohnen nun mit ihren beiden Kindern Archie (*2019) und Lilibet Diana (*2021) in einer Villa in Montecito in Kalifornien. Finanziell gibt es keine Sorgen: Beide haben Verträge mit amerikanischen Filmgesellschaften abgeschlossen. Zudem verdiente Meghan beträchtliche Summen als Seriendarstellerin, und Harry hat sein Erbe von Prinzessin Diana (umgerechnet 29 Millionen Euro) gut angelegt ...

Da war die Welt noch in Ordnung: Meghan und Harry 2019
bei einem Besuch in Südafrika

The Royal Family in den Medien

Königin Elizabeth und ihre Verwandten sind internationale Superstars. Sie singen keine Hits und werden nicht für einen Oscar nominiert, aber sie brauchen sich auch keine Sorgen zu machen, dass sie eines Tages in der Versenkung verschwinden. The Royal Family ist immer da. Die sogenannte Yellow Press übertreibt manchmal ein wenig. Bei der britischen Königsfamilie ist das allerdings gar nicht nötig, denn die Windsors sorgen dafür, dass ihre wahren Geschichten viel interessanter sind als alle Märchen, von denen sie umgeben sind …

Gerade in Deutschland ist das Interesse für die britische Königsfamilie enorm. Die Illustrierte „die aktuelle" verzeichnet regelmäßig Rekordauflagen, wenn sie Sonderhefte zu bestimmten Ereignissen wie Verlobungen, Hochzeiten oder Taufen auf den Markt bringt.

Seit 1918 gibt es in Deutschland keine Monarchie mehr. Träumen deshalb so viele Menschen bei uns vom Königshaus? Gerhard Dannemann, stellvertretender Leiter des Großbritannien-Zentrums an der Berliner Humboldt Universität, sagte im Deutschlandradio Kultur: „Ich glaube, man kann den Deutschen nicht unterstellen, dass sie heimliche Monarchisten sind. Aber es ist doch praktisch, dass man sich die Monarchie ganz einfach auf die Fernsehschirme holt. Man kann sie in Zeitungen und Illustrierten haben. Und Großbritannien ist ja ganz nah. Es gibt natürlich auch noch andere Monarchien um Deutschland herum. Und da kann man sich fragen: Warum ist ausgerechnet die britische so interessant für die Deutschen? Sicherlich spielt auch die Königin selber eine Rolle dabei, die ihr Amt mit großer politischer und persönlicher Zurückhaltung ausübt. Für die allermeisten Leute, die in Europa leben, war die Queen schon auf dem Thron, als sie geboren wurden …"

Traum-Fotos & Royale Rätsel
Unser kleiner Pr
260 Gramm!
zartes Haar!
lle sind verliebt!
die aktue
Kate & William
So süß is ihr kl Prin
Prinz William mit Georgie und Charlotte
++ Ein Junge!
++ Georgie & C
ihr Brüderchen
++ Das große Extra-Heft zum Queen-Geburt
a
die aktuelle
Nr. 24/14. Juni 2016/€1,60 Deutschland
Königin Elizabeth 90
Hoch lebe die Queen!
am & Kat
n Mä
urde

The Royal Family. Eine Zeitreise

1901

Queen Victoria stirbt mit 81 Jahren nach 63 Jahren Regentschaft. Ihr ältester Sohn besteigt als König Edward VII. den Thron.

1917

König George V. ändert den Familiennamen Sachsen-Coburg und Gotha wegen der antideutschen Stimmung in der Bevölkerung während des Ersten Weltkriegs in Windsor.

1921

Philip wird als Prinz von Griechenland und Dänemark auf der Insel Korfu geboren.

1926

Elizabeth wird als Prinzessin von Großbritannien in London geboren.

1936

König Edward VIII. dankt ab, weil er die zweimal geschiedene Amerikanerin Wallis Simpson nicht heiraten darf. Neuer König wird sein Bruder George VI., Vater der heutigen Königin. Er war der letzte Monarch, der auch den Titel „Kaiser von Indien" trug.

1947

Am 20. November heiraten Kronprinzessin Elizabeth und Prinz Philip. Am 14. November 1948 kommt ihr Sohn Prinz Charles zur Welt. Am 15. August 1950 wird Prinzessin Anne geboren, Prinz Andrew kommt am 19. Februar 1960 zur Welt, Prinz Edward am 10. März 1964.

1952

König George VI. stirbt an Lungenkrebs. Seine Tochter Kronprinzessin Elizabeth wird neue Königin.

Elizabeth wird am 2. Juni zur Königin gekrönt. Philip wird offiziell Prinzgemahl. **1953**

Am 26. Juli wird Charles von Königin Elizabeth zum Prinzen von Wales gekürt und ist damit offizieller Thronfolger des Vereinigten Königreichs. Nur ein Prinz von Wales kann die Krone übernehmen. **1958**

Der Familienname Mountbatten-Windsor wird für jene Nachkommen Prinz Philips und Königin Elizabeths eingeführt, die keinen königlichen Titel tragen. **1960**

Prinzessin Anne heiratet Captain Mark Phillips . Die Ehe wird im April 1992 geschieden. Prinzessin Anne ist seit Dezember 1992 in zweiter Ehe mit dem Commandeur Tim Laurence verheiratet. **1973**

Am 29. Juli heiratet Prinz Charles die junge Lady Diana Spencer. In dieser Ehe werden am 21. Juni 1982 Prinz William und am 15. September 1984 Prinz Harry geboren. Nach einem langen Rosenkrieg wird die Ehe am 28. August 1996 geschieden. **1981**

.............1986 

Prinz Andrew heiratet Sarah Ferguson. Sie bekommen zwei Töchter. Im Juni 1996 wird die Ehe geschieden, weil Sarah ihren Mann betrogen hatte.

.............1996 Prinzessin Diana stirbt nach einem Autounfall in einem Straßentunnel in Paris. Mit ihr verunglückt ihr Freund Dodi Al-Fayed, Sohn des ägyptischen Milliardärs Mohammed Al-Fayed.

.............2002 Königin Elizabeth verliert die beiden wichtigsten Frauen in ihrem Leben: Am 9. Februar stirbt ihre Schwester Prinzessin Margaret nach einem Schlaganfall. Am 30. März stirbt ihre Mutter Queen Mum im Alter von 101 Jahren.

.............2005 Am 9. April heiratet Prinz Charles die Liebe seines Lebens: Camilla Parker Bowles.

.............2011 Prinz William heiratet am 29. April Kate Middleton. In dieser Ehe werden am 22. Juli 2013 Prinz George, am 2. Mai 2015 Prinzessin Charlotte und am 23. April 2018 Prinz Louis geboren.

.............2018 Prinz Harry heiratet am 19. Mai die geschiedene amerikanische Schauspielerin Meghan Markle. In dieser Ehe werden am 6. Mai 2019 Archie Mountbatten-Windsor und am 4. Juni 2021 Lilibet Diana Mountbatten-Windsor geboren.

Prinz Harry und seine Frau Herzogin Meghan verlassen die Königsfamilie und das Vereinigte Königreich und verlegen ihren Lebensmittelpunkt, nach Aufenthalten in Kanada und Los Angeles, ins kalifornische Montecito. Dort geben sie der TV-Journalistin Oprah Winfrey ein Fernsehinterview, in dem sie sich über das angeblich unmenschliche Leben am britischen Königshof beschweren. **2020**

Prinz Philip stirbt nach über 73 Ehejahren am 9. April im Alter von 99 Jahren. Seine sterblichen Überreste warten in der St. George's Chapel, bis er nach dem Tod seiner Frau gemeinsam mit ihr im Park von Schloss Windsor die letzte Ruhestätte findet. **2021**

Zurück in die Zukunft

Man könnte meinen, die Geschichte wiederholt sich. Zumindest, wenn man die Skandale um die königliche Familie genauer betrachtet ...

Der erste handfeste Skandal im Hause Windsor ereignete sich 1936. Der damalige König Edward VIII. hatte seit zwei Jahren eine Affäre mit der geschiedenen Amerikanerin Wallis Simpson. Jetzt wollte er sie unbedingt heiraten! Aber die Regierung in London war gegen eine Ehe mit der geschiedenen bürgerlichen Amerikanerin. Seine Majestät musste sich entscheiden: Thron oder Liebe. Er wählte die Liebe! Am 10. Dezember 1936 dankte er nach knapp einem Jahr Regentschaft ab. In seiner Abschiedsrede, die im Radio übertragen wurde, sagte er: „Ich habe es für unmöglich gehalten, die schwere Last der Verantwortung zu tragen und meine Pflichten so königlich zu erfüllen, wie ich es mir wünschen würde, ohne die Hilfe und Unterstützung der Frau, die ich liebe."

Nachfolger wurde sein Bruder George, der Vater der heutigen Königin Elizabeth. In den Geschichtsbüchern und im Film „The King's Speech" wird er als stotternder König thematisiert.

Nach der Abdankung nahm Edward VIII. den Titel Herzog von Windsor an. Er ging mit seiner großen Liebe nach Frankreich ins Exil. Dort heiratete er Wallis im Juni 1937. Beide sympathisierten mit Hitler, der über Wallis sagte: „Sie wäre eine gute Königin geworden!" Das Herzogpaar von Windsor wurde zeitlebens vom britischen Königshaus geächtet. Dafür hasste Wallis die Windsors und hatte kein gutes Wort für sie übrig. Wenn sie in Interviews über die Königsfamilie schimpfte, trug sie vorzugsweise ein dunkles Kleid mit merkwürdigen weißen Mustern und wählte eine Frisur mit strengem Mittelscheitel.

Zurück in die Zukunft: Auch Meghan Markle ist eine geschiedene bürgerliche Amerikanerin. Sie ging ebenfalls mit einem Windsor ins Exil: Prinz Harry. Und Meghan hatte bisher auch kein gutes Wort für die Königsfamilie übrig. Für ihr weltweit bekanntes Interview mit Oprah Winfrey wählte sie ein dunkles Kleid mit merkwürdigen weißen Mustern und trug ganz bewusst einen Mittelscheitel ... Wirklich alles nur Zufall?

Ein Schelm, wer Böses dabei denkt:
Wallis Simpson und Meghan Markle

„Prost auf das Unglück, eine Windsor zu sein!“

Sie war eine der schönsten Frauen der Welt: Prinzessin Margaret, die jüngere Schwester von Königin Elizabeth. Sie galt als faszinierende Frau mit großem Starpotential. Doch der Schatten der Queen sollte eines Tages übermächtig werden …

Im Sommer 1953 fand Prinzessin Margaret die Liebe ihres Lebens unter dem Personal der Königsfamilie: Peter Townsend. Der Oberst war seit 1944 Stallmeister im Dienst des Königs, verheiratet und 16 Jahre älter als die Prinzessin. Zur damaligen Zeit war es gegen das Gesetz, als Mitglied des britischen Königshauses einen geschiedenen, bürgerlichen Mann zu heiraten. Zwei gnadenlose Jahre kämpfte Margaret dafür, ihre große Liebe heiraten zu dürfen und stellte damit die Beziehung zu ihrer Schwester auf eine harte Probe. Aber letztlich blieb der unglücklichen Prinzessin nichts anderes übrig, als sich dem Willen ihrer Schwester, dem der Kirche und der Regierung zu beugen und die Liaison mit Peter Townsend zu beenden.

Prinzessin Margaret stürzte sich daraufhin ins Jet-Set-Leben und lernte den Fotografen Anthony Armstrong-Jones kennen. Als sie hörte, dass ihre große Liebe Peter Townsend sich mit einer Belgierin verloben will, heiratete sie den Fotografen. Sie schenkte ihm zwei Kinder, doch die Ehe scheiterte. Es folgten viele Affären, unter anderem mit dem 17 Jahre jüngeren Gärtner Roddy Llewellyn. Sie verbrachte ausschweifende Sommer in ihrem Haus auf der karibischen Insel Mustique und amüsierte sich wie im Rausch. Mit einer Flasche Champagner in der Hand rief sie am Strand: „Prost auf das Unglück, eine Windsor zu sein!“

Nikotin und Alkohol wurden ihr zur Last. Sie hielt ihren exzessiven Lebensstil seelisch und auch körperlich nicht mehr aus.

So unglücklich sieht sie hier gar nicht aus:
Prinzessin Margaret (rechts) an ihrem 50. Geburtstag
mit Schwester Queen Elizabeth

Dann bekam sie die erschütternde Diagnose Lungenkrebs. Zudem erfuhr sie, dass Peter Townsend im Sterben lag. Die kranke Schwester der Königin fuhr zu ihrer großen Liebe. Sie nahm Peters Gesicht noch einmal in beide Hände – er starb in ihren Armen.

Wenig später erlitt Margaret einen Schlaganfall. Die Prinzessin starb am 9. Februar 2002 im Alter von 71 Jahren – genau einen Monat vor ihrer 101-jährigen Mutter Queen Mum.

Für Königin Elizabeth war das ein harter Schlag. Innerhalb von vier Wochen verlor sie ihre einzige Schwester und ihre Mutter.

Anstoßen mit den Royals

Im offiziellen Souvenirshop des britischen Königshauses kann man Gin kaufen: „Buckingham Palace small-batch Dry Gin“ heißt die Marke und kostet umgerechnet etwa 44 Euro. Der Wacholderschnaps gehört auch zu den Lieblingsgetränken der Queen. Sie lässt ihn mischen: ein Teil Gin, zwei Teile Dubonnet, eine Zitronenscheibe und Eiswürfel. Das war auch das Lieblingsgetränk von Queen Mum – und die wurde damit immerhin 101 Jahre alt.

Prinz Philip war ein bekennender Bierliebhaber, bevorzugt von der Brauerei Boddingtons.

Prinz Charles ist sowohl einem Gin Tonic als auch einem Glas Whiskey nicht abgeneigt. Er bevorzugt die rauchig-intensiven Marken aus Schottland.

Seine Frau Herzogin Camilla ist eine Weinliebhaberin. Sie scherzt gelegentlich: „Ich bin wie eine Französin aufgewachsen. Mit Wein und Wasser.“

Prinz William stößt gern mit einem Guinness an. Gelegentlich trinkt er aber auch Cider.

Herzogin Kates erste Wahl ist Whiskey, insbesondere Jack Daniels. Am Abend mag sie ein Glas Weißwein.

Prinz Harry bevorzugt, wie sein Großvater, Bier.

Ehefrau Meghan hingegen wird eine Vorliebe für Rotwein nachgesagt, vor allem eine Marke namens Tignanello aus der Toskana.

Zur Hochzeit von Harry und Meghan wurde eigens ein neuer Gin hergestellt. Ob die Queen diesen auch schon getrunken hat? Das bleibt ihr Geheimnis.

AHA!

Bei Schokoladenkuchen scheint die Aufmerksamkeit von Queen Elizabeth geweckt zu sein. Hier schaut sie bei einer Betriebsbesichtigung beim Verzieren eines solchen zu.

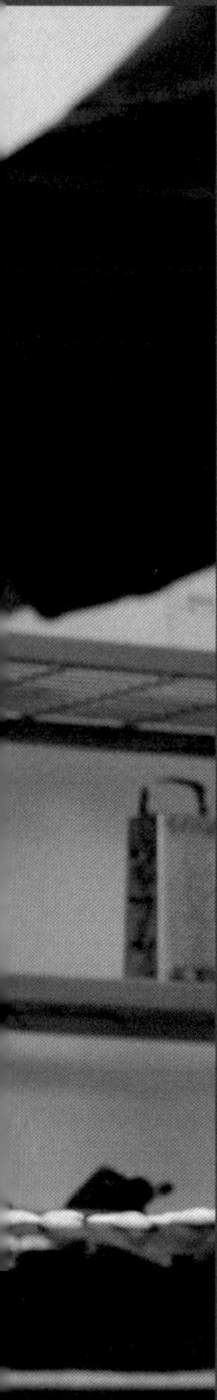

Knoblauch verboten!

Eigentlich ist es in den britischen Palästen wie eine Mischung aus Restaurant und Bestellservice. Die Gerichte kann sich Königin Elizabeth aus einer speziell für sie zusammengestellten Speisekarte aussuchen – und zwar drei Tage im Voraus.

Morgens mag sie Cornflakes mit etwas Obst. Dazu trinkt sie Darjeerling-Tee. In Ausnahmefällen ordert sie Rührei mit Räucherlachs. Da darf es auch mal eine Prise Trüffel geben. Aber nur, wenn sie ihn geschenkt bekommen hat. Um selbst Trüffel kaufen zu lassen, ist sie zu sparsam.

Das Lieblingsgericht der Queen ist das klassische Gälische Steak, das mit Kartoffelbrei und Pastinaken serviert wird. Statt Rindfleisch bevorzugt sie allerdings die Zubereitung aus Rehfleisch. Sie liebt Geflügel, das von ihren Landgütern kommt: Wildvögel, Fasane und Moorhühner. Alles muss ohne Knoblauch gekocht werden. Sie möchte niemandem eine königliche Knoblauchfahne zumuten.

Natürlich werden bei Hofe auch die süßen Gelüste gestillt. Ein Schokoladenkuchen, der an unseren Kalten Hund erinnert, ist ihr Lieblingsdessert.

Ein Chef de Partie in der Küche verdient bei der Königin umgerechnet rund 26.000 Euro pro Jahr. Alle Jubeljahre speist Ihre Majestät außer Haus. Sie geht gern ins Londoner Edelrestaurant „Bellamy“, ein Franzose. Dann wird das Lokal komplett geschlossen, damit sie mit ihren Verwandten in Ruhe essen kann.

The Queen is not amused ...

Es gibt einige strenge Regeln, deren Nichteinhaltung von der Queen nicht akzeptiert wird und ungeahnte Folgen haben kann.

Auf einem Empfang würde es Königin Elizabeth als unpassend empfinden, wenn man sie einfach anspricht. Die Queen grüßt immer zuerst und eröffnet danach ein Gespräch!

Ihr die Hand entgegenzustrecken ist verboten. Mit „Your Majesty“ wird sie begrüßt, danach während des Gesprächs mit „Ma'am“ angeredet – natürlich niemals mit „you“.

Zur Begrüßung der Königin machen Männer eine kurze Kopfverbeugung und Frauen einen kleinen Knicks.

Als Marion Crawford (1909–1988), einst heiß geliebte Nanny der Queen und in guten Zeiten „Crawfie“ genannt, 1949 das Buch „The Little Princesses“ über ihre Jahre mit der jungen Elizabeth und ihrer Schwester Margaret schrieb, war die Queen not amused. Weil darin einige private Fotos und harmlose Texte veröffentlicht wurden, witterte Elizabeth Verrat: Crawfie wurde zur unerwünschten Person bei Hofe. Sie verlor das Wohnrecht im Kensington-Palast und bekam von der Queen nie wieder eine Weihnachtskarte.

Die Königin sieht alles! Bei einem Galadinner auf Schloss Windsor bemerkte Elizabeth, wie eine Diplomatengattin heimlich kleine silberne Salz- und Pfefferstreuer in ihrer Abendtasche verschwinden ließ. Die Queen rief nicht etwa einen Bediensteten, um den Vorfall zu klären. Nein, bei der Verabschiedung reichte die Königin der Diplomatengattin die Hand und sagte milde lächelnd: „Vielen Dank, dass Sie beim Abräumen geholfen haben ...“

... hat aber jede Menge Humor

Auch wenn die Queen über manche Dinge nicht amüsiert ist und auf Bildern oft ein verkniffenes Gesicht macht: Sie hat einen sehr trockenen Humor und kann richtig witzig sein!

Ein Mann war zu Besuch in der Nähe von Schloss Balmoral. Er schaute mit einem Fernglas zum Palast. Elizabeth war mit Regenmantel und Kopftuch in Begleitung eines Leibwächters spazieren, als sie auf ihn traf und fragte, was er da macht. Er sagte: „Ich habe gehört, die Queen ist jetzt da und wollte gucken, ob ich sie sehen kann. Haben Sie sie schon mal gesehen?“ Ihre Antwort: „Ich nicht!“ *[Sie zeigt auf den Leibwächter.]* „Aber er schon!“

Ihr Lieblingswitz, den sie in privater Runde gern erzählt: *Der US-Präsident ist bei der Queen zu Besuch und sie fahren zusammen in der königlichen Kutsche. Auf einmal lässt ein Pferd einen lauten Furz fahren. Der Queen ist es peinlich und sie entschuldigt sich beim Präsidenten. Er sagt: Das ist schon ok, ich dachte, es war das Pferd!*

Auch im Umgang mit anderen Royals witzelt die Queen gern. Als König Abdullah von Jordanien mit seiner Frau Königin Rania und Kronprinz Hussein bei ihr zu Besuch war, fragte der jordanische Monarch vor dem gemeinsamen Gruppenfoto, wo er sich hinstellen solle. Die Queen antwortete: „Nun ja, ich denke, mit dem Gesicht zur Kamera ...“

Königin Elizabeth kann darüber hinaus auch sehr gut Stimmen imitieren. Hinter verschlossenen Türen macht sie am liebsten ihre ehemalige Premierministerin Margaret Thatcher nach – inklusive dem schnellen Gang der Regierungschefin mit Handtasche!

Doch damit nicht genug: Laut dem anglikanischen Bischof Michael Mann kann die Queen auch Flugzeuggeräusche nachmachen. „Die Königin, die die Concorde-Landung imitiert, ist eines der lustigsten Dinge, die man erleben kann“, sagte der Geistliche laut „The Sun“.

Mit Anlauf ins Fettnäpfchen

Zwei Monate vor seinem 100. Geburtstag starb Prinz Philip auf Schloss Windsor. In Erinnerung bleibt er nicht nur als dienstältester Prinzgemahl, der immer drei Schritte hinter seiner Frau gehen musste. Auch über seinen schwarzen Humor wird man noch in vielen Jahren schmunzeln. Er hat kein Fettnäpfchen ausgelassen. Die Queen hat seine Sprüche öffentlich natürlich nie kommentiert. Aber Insider erzählen, dass sie sich köstlich amüsierte. Hier eine Auswahl seiner frechsten Aussprüche …

„Was nicht furzt oder wiehert, interessiert sie nicht." (über seine Tochter, die Pferdenärrin Prinzessin Anne)

„Werft ihr eigentlich immer noch mit Speeren aufeinander?" (zu Aborigines, den Ureinwohnern Australiens)

„Ich wünschte, er würde das Mikrofon abdrehen!" (bei einem Konzert von Elton John)

„Sie sehen aus, als wollten Sie schon ins Bett gehen!" (zu Nigerias Präsident Obasanjo über dessen Nationaltracht)

„Woher hast du denn diesen Hut?" (am 2. Juni 1953 zur frisch gekrönten Queen)

„Ein Scheiß-Kasten!" (über den Buckingham-Palast)

„Wenn ein Mann einer Frau die Autotür öffnet, ist es entweder eine neue Frau oder ein neues Auto." (über Kavaliere)

„Aha, und da oben wohnen Sie?" (zur Bürgermeisterfrau von Liverpool, als er mit ihr an einem Balkon mit übergroßer Damenunterwäsche vorbeifuhr)

„Schaut euch diese Holländer an. Haben sie nicht alle Gesichter wie Hintern?" (beim Staatsbesuch in Den Haag)

„Sie haben die Moskitos. Wir haben die Presse." (während eines Besuchs im Sudan)

„Sie hat einen Gang wie eine Kuh, die versehentlich den elektrischen Weidezaun berührt hat." (über die Queen-Cousine Prinzessin Marie-Christine von Kent)

„Ich glaube, Frauen sind besser geeignet für stumpfsinnige Arbeiten als Männer. Sie haben die Fähigkeit zu arbeiten, ohne zu denken." (über Fließbandarbeit)

„Wenn Sie noch viel länger hierbleiben, werden Sie mit Schlitzaugen nach Hause fahren." (zu Auslandsstudenten in China)

„Guten Tag, Herr Reichskanzler!" (1977 zu Bundeskanzler Helmut Kohl)

„Sie haben es also tatsächlich geschafft, nicht im Kochtopf zu landen?" (zu einem Trekker, der in Papua-Neuguinea den Regenwald durchquert hat)

„Wie erreichen Sie es bloß, die Einheimischen lange genug vom Alkohol fernzuhalten, dass sie die Prüfung ablegen können?" (zu einem schottischen Fahrlehrer)

„Bringen Sie mir ein Bier. Ist mir egal, welche Marke, holen Sie mir einfach ein Bier." (als ihm beim Staatsbesuch in Rom eine Auswahl italienischer Spitzenweine angeboten wurde)

„Können Sie die auseinanderhalten?" (als Präsident Barack Obama 2010 erwähnte, er habe mit den Regierungschefs von China, Russland und Großbritannien gefrühstückt)

„Sie sind doch eine Frau, oder?" (als er 1984 einer Kenianerin vorgestellt wurde)

„Ihr seht alle aus wie Draculas Töchter!" (zu einer Gruppe von Schülerinnen, die in leuchtend roten Schuluniformen vor ihm standen)

„Womit gurgeln Sie, mit Kieselsteinen?" (fragte er den Schmusesänger Tom Jones)

„Das Schlafzimmer sieht aus wie das Zimmer einer Nutte." (über das Haus seines Sohnes Prinz Andrew und dessen Frau Fergie)

„Sie tragen doch nicht etwa Nerz-Unterhosen, oder?" (fragte er eine Modejournalistin)

„Ich hatte nie besondere Hemmungen, wenn es darum ging, über Themen zu sprechen, von denen ich keine Ahnung habe." (bei einer Tischrede vor Industriellen)

„Die paaren sich doch nicht etwa, oder?" (als er im Londoner Science Museum den Zusammenstoß zweier Roboter beobachtete)

Money, Money, Money

Wenn es um das Privatvermögen geht, sind die Königshäuser – natürlich – besonders schweigsam. Dennoch gibt es Schätzungen, die der Realität wohl ziemlich nahe kommen. Bei all der Pracht, all dem Prunk, all den Juwelen und all den Schlössern glaubt man leicht, dass Königin Elizabeth die reichste Monarchin in Europa ist. Dem ist aber nicht so.

Angeführt wird das Ranking der zehn reichsten Royals in Europa von Großherzog Henri von Luxemburg. Sein Privatvermögen beläuft sich Berichten zufolge auf rund 3,3 Milliarden Euro. Auf Platz zwei landet Liechtensteins Oberhaupt Fürst Hans-Adam mit geschätzten 2,89 Milliarden Euro. Ebenfalls auf die vorderen Plätze schafft es Seine Durchlauchtigste Hoheit Fürst Albert II. von Monaco. Nach Informationen von „Business Insider" beträgt sein privates Vermögen rund 830 Millionen Euro.

Erst auf den vierten Platz schafft es Königin Elizabeth. „Forbes" schätzt ihr Vermögen auf rund 420 Millionen Euro. Auf dem privaten Bankkonto von König Willem-Alexander der Nieder-

lande liegen, so „Royal Central“, zwischen 128 und 190 Millionen Euro. Auf Platz sechs kann laut „Business Insider“ König Carl XVI. Gustaf von Schweden 58 Millionen Euro sein Eigen nennen. Seiner Nachbarin und Cousine Königin Margrethe II. von Dänemark schreibt das Portal rund 33 Millionen Euro zu. Auf Platz acht platziert „Business Insider“ König Harald V. von Norwegen mit 24,8 Millionen Euro. Auf den Plätzen neun und zehn sind König Felipe von Spanien mit rund 16,5 Millionen Euro und König Philippe von Belgien mit 11,6 Millionen Euro.

Zu König Felipe von Spanien sei bemerkt: Sein Vater, der abgedankte König Juan Carlos, soll ein Privatvermögen von rund 900 Millionen Euro besitzen. Weil Juan Carlos in verschiedene Finanzskandale verstrickt ist, hat sein Sohn, der heutige König Felipe, auf sein Erbe verzichtet. Somit teilen sich eines Tages Felipes Schwestern, die Infantinnen Elena und Cristina, 900 Millionen Euro.

Im Vergleich zu den internationalen Monarchen sind Europas Herrscher allerdings „arme Schlucker“. Der reichste Royal der Welt ist König Maha Vajiralongkorn von Thailand mit einem geschätzten Privatvermögen von rund 25,3 Milliarden Euro. Gefolgt vom Sultan von Brunei mit 16,4 Milliarden Euro und dem König von Saudi-Arabien mit 15,2 Milliarden Euro.

Wer liegt hier wem auf der Tasche?

Prinz Charles kostet dem Steuerzahler Geld! Das jedenfalls wird ihm von Gegnern der Monarchie vorgeworfen. Aber das ist Quatsch!

Es gilt sogar das Gegenteil: Der Thronfolger gilt als äußerst sparsam. Wie sein Privatsekretär Sir Michael Peat erzählte, bewirtet Prinz Charles seine rund 9000 Gäste pro Jahr öfter auch in kleinem Rahmen. Statt zu festlichen Abendessen wird seit der Corona-Krise zu Stehempfängen mit Schnittchen gebeten. Dadurch sparte der kronprinzliche Haushalt durch den Corona-Lockdown umgerechnet rund 300.000 Euro ein.

Das meiste Geld verdient Prinz Charles durch sein Herzogtum Cornwall. Er bewirtschaftet dort nach ökologischen Kriterien 541 Quadratkilometer Land mit Fischereien und Holzwirtschaft.

Außerdem gründete er Keks- und Wurstfabriken („Duchy Originals“). Er unterstützt Handwerkerbetriebe von Strohdachdeckern bis Buntglasfensterproduktionen.

Der Gewinn seiner Gesellschaft stieg trotz der Corona-Krise um knapp eine Million auf rund 20 Millionen Euro. Damit erhöhten sich auch die Steuern, die Charles an den Staat abführte, auf mehr als vier Millionen Euro.

Die Zahlungen, die er umgekehrt aus der Staatskasse für seine offiziellen Repräsentationspflichten (Reisen und Empfänge) erhielt, sanken hingegen um fast die Hälfte auf 1,7 Millionen Euro. Im Saldo verschafft der Haushalt des Prinzen von Wales dem britischen Staat also mehr Einkünfte, als er an Kosten verursacht.

Wer hätte das gedacht?
Prinz Charles verdient Geld mit Keksen!

Elizabeth R

Die Queen ist die berühmteste Frau der Welt. Aber im Gegensatz zu Hollywoodstars oder anderen Künstlern gibt sie niemals Autogramme. Offizielle Dokumente und Mitteilungen in Briefen oder im Internet unterschreibt sie mit „Elizabeth R". Wofür steht das „R"? Viele Menschen glauben, es stünde für einen zweiten Vornamen.

Nein, sie heißt Elizabeth Alexandra Mary. Das „R" hinter ihrer Unterschrift steht für „Regina" und ist das lateinische Wort für Königin. Eines Tages wird auch Prinz Charles als König seine Botschaften mit „R" nach seinem Namen unterzeichnen. Dann steht das „R" allerdings für „Rex", das lateinische Wort für König.

Dass britische Monarchen mit „R" unterschreiben, hat eine lange Tradition: Schon König Henry I. (1068–1135) unterschrieb Dokumente stets mit Henry R. Das sollte die Autorität des Souveräns unterstreichen.

Das Unterschreiben offizieller Botschaften mit „R" nach dem Namen ist nicht nur im Vereinigten Königreich Sitte. Auch die anderen Monarchen und Monarchinnen in Europa tun das. In Schweden Carl Gustaf R, in Dänemark Margrethe R, in den Niederlanden Willem-Alexander R und in Norwegen Harald R. Das machen aber wirklich nur die amtierenden Monarchen. Ihre Ehepartner tun das nicht. In Schweden unterschriebt die Königin nur mit Silvia und in den Niederlanden signiert die Königin nur mit Maxima.

Die Post ist da!

Im Laufe der vergangenen Jahrzehnte hat die Queen mehr als 3,5 Millionen Briefe, Postkarten und Päckchen beantwortet oder beantworten lassen. Gemeinsam mit Prinz Philip hat sie in den letzten 70 Jahren über 45.000 Weihnachtskarten verschickt.

Ihren allerersten Brief schrieb die fünfjährige Prinzessin Elizabeth „Lilibet“ 1931 an ihre geliebte Großmutter Queen Mary: „Darling Granny. Vielen vielen Dank für das schöne Puppenhaus. Ich liebe es, und ich habe das Esszimmer und die Halle schon ausgepackt. Liebe von Lilibet“

Möchten Sie einem Mitglied der Royal Family schreiben? Hier sind die wichtigsten Adressen – die Queen redet man übrigens mit „Majesty“ an, die anderen mit „Royal Highness“.

Post an die Queen: Her Majesty The Queen, Buckingham Palace, London SW1A 1AA, United Kingdom

Post an Prinz Charles und Herzogin Camilla: The Duke & Duchess of Cornwall, Clarence House, London SW1A 1BA, United Kingdom

Post an Prinz William und Herzogin Kate: The Duke and Duchess of Cambridge, Kensington Palace, London W8 4PU, United Kingdom

Post an Prinzessin Anne und Timothy Laurence: The Princess Royal and Sir Timothy Laurence, Buckingham Palace, London SW1A 1AA, United Kingdom

Post an Prinz Edward und Gräfin Sophie: The Earl and Countess von Wesses, Bagshot Park, Bagshot, Surrey GU19 5PL, United Kingdom

Die Windsors sind stolz darauf, dass wirklich jeder Brief beantwortet wird!

Grüße ins All

Die halbe Welt saß vor dem Fernseher oder dem Radio, als Neil Armstrong am frühen Morgen des 21. Juli 1969 um drei Uhr, 56 Minuten und 20 Sekunden mitteleuropäischer Zeit den Mond betrat.

Mike Collins, Neil Armstrong und Edwin Aldrin zu Besuch bei der Queen

Die Worte „Ein kleiner Schritt für einen Menschen, ein großer Sprung für die Menschheit" prägten sich ein – bei Europas Royals ebenso wie bei allen anderen Menschen, die dieses Ereignis verfolgten.

Eine ganz besondere Beziehung zu Apollo-11-Astronaut Armstrong und seinen beiden Kollegen Buzz Aldrin und Michael Collins hat Königin Elizabeth. Man weiß ja nicht, ob es da draußen im Weltraum Leben gibt. Die britische Monarchin nahm sicherheitshalber Grußworte auf Mikrofilm auf, die die drei Astronauten mitnahmen. Seither lagern sie in einer Metallbox im All.

Am 14. Oktober 1969 wurden die Astronauten samt Ehefrauen im Buckingham-Palast von Königin Elizabeth und Prinz Philip begrüßt. So konnte sich die Queen persönlich bei Neil Armstrong dafür bedanken, dass er ihre Botschaft mit ins All genommen hatte.

Was Königin Elizabeth nicht wusste: Armstrong und seine Frau Janet hatten die Grippe und Fieber. Er wollte den royalen Termin absagen, aber seine Frau ereiferte sich: „Ich gehe in den Palast, und wenn man mich einbalsamiert dorthin tragen muss!" Offenbar haben die Armstrongs die Queen nicht angesteckt.

Sechs Raben und eine abergläubische Königin

Eine uralte Legende besagt, dass sechs Raben den Tower of London bewachen müssen. Geschieht das nicht, sind Großbritannien und die Monarchie dem Untergang geweiht.

Die Legende um die sechs Raben soll es bereits vor König Charles II. (1630–1685) gegeben haben. Er wollte die schwarzen Vögel töten lassen, unterließ es aber, als er von der Legende hörte. Stattdessen verfügte er ein lebenslanges Wohnrecht der Rabenvögel am Tower of London.

Ein sogenannter Rabenmeister kümmert sich heute um das Wohlergehen der Tiere. Zurzeit heißt der Rabenmeister Chris Skaife. Und er persönlich informierte Königin Elizabeth über eine Neuigkeit: „Wir haben schlechte Nachrichten. Unser geliebter Rabe Merlina ist seit mehreren Wochen nicht mehr am Tower gesehen worden. Ihre anhaltende Abwesenheit lässt uns annehmen, dass sie bedauerlicherweise gestorben ist. Sie wird von mir, den Rabenkollegen und uns allen in der Turmgemeinschaft sehr vermisst."

Aus Palastkreisen war zu hören, dass die Queen dreimal mit ihrer Tischglocke geläutet hat. Bedeutet: Man bringe ihr einen Dubonnet-Gin-Cocktail. Den Drink hätte die Königin aber gar nicht gebraucht, denn aus dem Tower kam Entwarnung: „Zum Glück haben wir momentan sieben Raben hier, einen mehr als die notwendigen sechs!" Großbritannien und seine Monarchin können also weiterhin ruhig schlafen …

Die größte Ehre

Jedes Jahr zu Neujahr und zu ihrer offiziellen Geburtstagsfeier im Juni ehrt Königin Elizabeth die größten britischen Persönlichkeiten mit einem Verdienstorden. Bei dem Knight Grand Cross oder dem Dame Grand Cross sowie dem Knight Commander und dem Dame Commander spricht man vom sogenannten Ritterschlag.

Queen Elizabeth II. schlägt Sir Tom Moore zum Ritter.

Zahlreiche Musiker, Schauspieler, Sportler und Personen mit besonderen Verdiensten wurden im Laufe ihrer Amtszeit von der Queen geehrt: Sean Connery durfte sich seit dem Jahr 2000 bis zu seinem Tod 2020 Sir Sean Connery nennen. Sein Bond-Kollege Roger Moore wurde 2003 zum Commander of the British Empire ernannt. Regisseur Alfred Hitchcock schlug die Queen 1980 zum Ritter. Elton John gehört seit 1998 dem Orden der Knight Bachelors an. Und U2-Frontmann Bono wurde 2006 Ritter von Gnaden Ihrer Majestät für seinen Einsatz gegen Armut. Ex-Beatle Paul McCartney darf sich wegen seiner Verdienste im Musikgewerbe sowie für sein großes soziales Engagement seit 1997 Sir Paul McCartney nennen. Wer Elizabeth II. auf der Filmleinwand ein brillantes Denkmal setzt wie Helen Mirren in „The Queen", der muss dafür natürlich ausgezeichnet werden. Sie ist seit 2003 eine Dame. Auch „Ghandi"-Darsteller Ben Kingsley ist seit 2002 Sir. 2003 wurde auch Star-Fußballer David Beckham von der Queen zum Officer of the British Empire ernannt. Stil-Ikone Vivienne Westwood ist bereits seit 1991 in den Orden des Britischen Empire aufgenommen worden. Seither trägt sie den ehrenvollen Titel Dame Commander Vivienne.

Besondere Aufmerksamkeit erlangte Sir Tom Moore: Der 100-Jährige sammelte bei seinem Spendenlauf mit dem Rollator eine Rekordsumme für den britischen Gesundheitsdienst. Der Veteran aus dem Zweiten Weltkrieg hatte für Furore gesorgt, als er 100 Runden mit seinem Rollator durch seinen Hinterhof gegangen war. Am Ende kamen 33 Millionen Pfund an Spendengeldern zusammen – Grund genug für die Queen, Tom Moore 2021 zum Ritter zu schlagen.

Die Queen in Serie

Am 4. November 2016 startete Netflix mit der ersten Staffel von „The Crown". Zwölf Preise hat die Serie über die britische Königsfamilie schon bekommen. Knapp 40 Mal waren Darsteller, Regie oder das Drehbuch vom Emmy bis Golden Globe nominiert. Aber: Wie viel ist Wahrheit und wie viel ist Erfindung?

Peter Morgan, Drehbuchautor und Produzent, sagt: „Wir recherchieren extrem gut und genau. Die Begebenheiten entsprechen der Wahrheit, der geschichtliche Kontext natürlich auch. Bei den Dialogen erfinden wir, weil wir ja nicht dabei waren. Der Kern ist diese außergewöhnliche Familie."

Hat das Team um Peter Morgan je versucht, die königliche Familie zur Mitarbeit zu überreden? Er berichtet: „Nein, eine Mitarbeit würde ich gar nicht wollen. Ich möchte frei sagen, denken und schreiben können. Und in der Sekunde, wo man jemanden um Hilfe oder Zustimmung bittet, steht man in seiner Schuld."

Ob jemand von der königlichen Familie „The Crown" gesehen hat? Aus Palastkreisen war zu erfahren, dass Herzogin Camilla sich jede Folge genüsslich mit einem Glas Rotwein reinzieht. Peter Morgan sagt: „Anfangs hat wohl niemand von der Royal Family die Serie gesehen. Aber inzwischen schon. Davon bin ich überzeugt. Denn ich weiß auch aus guten Quellen, dass die Queen den Film *The Queen* gesehen hat. Helen Mirren und sie sind miteinander gut bekannt."

Aber zugeben wird wohl kaum ein Mitglied der Königsfamilie, dass es süchtig nach „The Crown" ist …

THE ACCLAIMED SERIES RETURNS
THE
CROWN
A NETFLIX ORIGINAL SERIES
NEW EPISODES
DECEMBER 8
NETFLIX

Skandal, Skandal

Sommer 1889. König Edward VII. war verzweifelt über das Treiben seines ältesten Sohnes und Thronfolgers: Prinz Eddy. Er wurde allgemein am Hof respektlos als Taugenichts abgestempelt. Der zu früh geborene Royal war unterentwickelt, konnte kaum lesen und war häufig krank. Und dann war Prinz Eddy auch noch in den sogenannten „Cleveland-Street-Skandal" verwickelt ...

Der Königssohn wurde in einem Männer-Bordell entdeckt. Der zukünftige König von England stand also auf Männer – ein undenkbarer Skandal für den Palast!

Um dem Ganzen ein Ende zu bereiten, suchte man bei Hofe nach einer Frau für Prinz Eddy. Und man fand sie: Mary von Teck. Sie war die älteste Tochter des deutschstämmigen Herzogs Franz von Teck und seiner Gemahlin Mary Adelaide von Cambridge.

Natürlich wurde Mary nicht gefragt, man holte sie in den Palast und verlobte sie mit Prinz Eddy. Zur Hochzeit kam es aber nicht: Am 12. Januar 1891 starb Prinz Eddy mit gerade mal 28 Jahren. An seine Stelle trat sein Bruder George. Und was sollte nun mit Mary von Teck geschehen? Die legendäre Queen Victoria ordnete an, dass ihr Enkel und Thronfolger George die Verlobte seines verstorbenen Bruders heiratet. Das geschah am 6. Juli 1893. Obwohl die Ehe arrangiert war, wurde sie überaus glücklich. Sie bestiegen am 6. Mai 1910 als König George VI. und Queen Mary den Thron.

Übrigens: Queen Mary ist die Großmutter der heutigen Königin Elizabeth.

Prinz Albert Victor, genannt Eddy,
und sein Bruder Prinz George im Jahr 1881

Ronnie Russell rettete Prinzessin Anne vor der Entführung – und erhielt als Dank und Auszeichnung für seinen Einsatz eine Medaille.

Retter in der Not

Den 20. März 1974 wird Prinzessin Anne in ihrem ganzen Leben nicht vergessen. Die einzige Tochter von Königin Elizabeth war damals 23 Jahre alt und gemeinsam mit ihrem Mann Mark Philips in einer Hoflimousine auf der Londoner Prachtstraße The Mall unterwegs, als das Verbrechen geschah ...

Kein Nebel, aber leichter Nieselregen. Mit in dem dunkelblauen Austin saßen ihr Leibwächter und eine Palastangestellte. Sie waren auf einer Veranstaltung und wollten nun zurück in den Buckingham-Palast. Mit lautem Motorengeräusch überholte sie ein heller Wagen und zwang die Hoflimousine zum Stehen. Der Fahrer des hellen Autos stieg aus und feuerte sechs Schüsse ab. Sekunden später riss er die Tür des königlichen Wagens auf und versuchte, die schockierte Prinzessin Anne aus dem Wagen zu zerren. Sie schrie aus Leibeskräften und boxte mit beiden Fäusten. Mark Phillips wollte seine Frau aus den Fängen des Kriminellen reißen, aber der war stärker.

Der Plan des damals 26-jährigen Angreifers Ian Ball: Er wollte Prinzessin Anne entführen und Lösegeld erpressen. Der angeschossene Leibwächter meldete sofort höchsten Alarm, und die Polizei war innerhalb von Minuten vor Ort. Kurz zuvor war auf dem Bürgersteig zufällig auch der Boxer Ronnie Russell. Er erkannte die Prinzessin – und auch die gefährliche Situation. Seine spontane Reaktion: Mit einem Schlag auf den Kopf setzte er den brutalen Entführer außer Gefecht.

Ian Ball wurde der Prozess gemacht. Er sitzt heute noch in einer geschlossenen psychiatrischen Anstalt.

Erst im Februar 2021, fast ein halbes Jahrhundert nach seiner Heldentat, verriet der Boxer Ronnie Russell, wie sich Königin Elizabeth damals bei ihm für die Rettung ihrer geliebten Tochter bedankte: Sie übernahm die Hypothek für sein Haus ...

Das Quiz für echte Royal-Experten

1 Wie lautete früher der Kosename für Königin Elizabeth?

A Daisy
B Lilibet
C Maggi

2 Wie hieß die königliche Yacht der britischen Royals

A Dannebrog
B Kent
C Britannia

3 Wie ist der zweite Vorname der Queen?

A Margaret
B Sofia
C Alexandra

4 Wie heißt der Autor, der das Buch „Diana – ihre wahre Geschichte" schrieb?

A Alan Bennett
B Andrew Morton
C Christoph Spöker

5 Welcher ist der höchste Orden, den die Queen vergeben kann?

A Elefanten-Orden
B Serafimer-Orden
C Hosenband-Orden

6 Wer ist bei den Windsors Linkshänder?

A Prinz William
B Prinzessin Anne
C Königin Elizabeth

7 Wie viele Kinder der Queen ließen sich scheiden?

A Eins
B Zwei
C Drei

8 Wo werden die britischen Kronjuwelen aufbewahrt?

A Buckingham-Palast
B Tower
C Westminster Abbey

9 Wie heißt die offizielle Residenz von Prinz Charles?

A Clarence House
B Kensington-Palast
C Schloss Sandringham

10 Wie viele Kinder hatte die legendäre Queen Victoria (1819–1901)?

A sieben
B acht
C neun

11 Welche Tiere in den Gewässern in und um das Vereinigte Königreich gehören nach einem Gesetz von 1324 der Queen?

A Alle Enten
B Alle Schwäne
C Alle Frösche

12 Wie hieß der erste Premierminister von Königin Elizabeth?

A Anthony Eden
B Harold Macmillan
C Sir Winston Churchill

13 Wie lautet der Mädchenname von Herzogin Camilla, der Frau von Prinz Charles?

A Shand
B Parker
C Bowles

14 Wie groß ist Königin Elizabeth?

A 1,58 m
B 1,63 m
C 1,70 m

15 Wie hieß der erste Mann von Prinzessin Anne, der einzigen Tochter der Queen?

A Tony Armstrong
B Mark Phillips
C Michael Middleton

16 Wie lautet offiziell der richtige erste Name von Prinz Harry?

A Harald
B Herold
C Henry

17 In welchem Land wurde 1921 Prinzgemahl Philip geboren?

A Griechenland
B Italien
C Deutschland

18 Wie heißt Fergie, die geschiedene Frau von Prinz Andrew, wirklich?

A Susan
B Sarah
C Maria

19 In welchem Jahr wurde Königin Elizabeth gekrönt?

A 1952
B 1953
C 1954

20 Wie heißt die Frau vom jüngsten Queen-Sohn Prinz Edward?

A Marie-Christine
B Anabel
C Sophie

21 Was war Lady Diana Spencer vor der Hochzeit mit Prinz Charles von Beruf?

A Kindergärtnerin
B Designerin
C Finanzmaklerin

22 Auf welcher Insel lebten Elizabeth und Philip kurz nach der Hochzeit für ein paar Jahre?

A Ibiza
B Korfu
C Malta

23 Wie heißt die Mutter von Herzogin Catherine, genannt Kate?

A Susan Middleton
B Carole Middleton
C Mary Middleton

24 Welches ist das Lieblingsgetränk von Königin Elizabeth?

A Cola-Rum
B Gin-Dubonnet
C Wodka-Orange

25 Wie heißt das älteste Enkelkind der Queen

A Peter Phillips
B Prinzessin Eugenie
C Prinz William

26 Wie hieß die Schwiegermutter von Königin Elizabeth?

A Alice von Hessen
B Alice von Hannover
C Alice von Battenberg

27 Wie heißt die jährliche Geburtstagsparade für Königin Elizabeth?

A Trooping the Birthday
B Trooping the Colour
C Trooping the Militär

28 Unter welchem Sternzeichen wurde Königin Elizabeth geboren?

A Stier
B Widder
C Steinbock

29 Wie hieß Queen Mum, die Mutter von Königin Elizabeth?

A Margaret
B Elizabeth
C Alice

30 Die Queen ist Oberhaupt des Commonwealth. Wie viele Mitgliedstaaten gehören dazu?

A 49
B 51
C 54

Quiz-Lösungen

1 **B**

2 **C** Die „Britannia" ist heute im Museumshafen von Edinburgh zu besichtigen. Eintritt: 15,00 Euro.

3 **C** Den Namen bekam die Queen nach ihrer Urgroßmutter Prinzessin Alexandra von Dänemark.

4 **B**

5 **C** Die Verleihung des Hosenband-Ordens findet jährlich auf Schloss Windsor statt.

6 **A** Prinzessin Diana setzte sich dafür ein, dass William Linkshänder bleiben durfte.

7 **C** Drei: Prinz Charles, Prinzessin Anne und Prinz Andrew ließen sich scheiden.

8 **B**

9 **A** In Clarence House wohnte vor Prinz Charles seine Großmutter Queen Mum.

10 **C**

11 **B**

12 **C**

13 **A** Sie wurde am 17. Juli 1947 als Camilla Rosemary Shand geboren.

14 **B**

15 **B** Captain Mark Phillips war von 1973 bis 1992 mit Prinzessin Anne verheiratet.

16 **C**

17 **A** Prinz Philip wurde am 10. Juni 1921 in er Villa Mon Repos auf Korfu geboren.

18 **B** Sie kam am 15. Oktober 1959 als Sarah Ferguson zur Welt, wurde Fergie genannt.

19 **B** Elizabeth wurde 1952 Königin und 1953 gekrönt.

20 **C**

21 **A**

22 **C** Von 1949 bis 1951 wohnten Elizabeth und Philip in der Villa Guardamangia.

23 **B**

24 **B**

25 **A** Peter Phillips ist ein Sohn von Prinzessin Anne, machte die Queen 1977 zur Großmutter.

26 **C** Prinzessin Alice, die Mutter von Prinz Philip, war taubstumm.

27 **B** Wegen des besseren Wetters findet die Geburtstagsparade für die Queen im Juni statt.

28 **A**

29 **B** Die Queen hat den gleichen Vornamen wie ihre Mutter Queen Mum: Elizabeth.

30 **C**

Zitate

„Sie ist das furchtloseste Bond-Girl aller Zeiten!“

König Willem-Alexander der Niederlande in Anspielung auf die Minirolle der Queen bei der Eröffnung der Olympischen Spiele 2012 mit Bond-Darsteller Daniel Craig

„Die Queen ist unglaublich diszipliniert und pflichtbewusst und lässt sich nicht in die Karten schauen.“

Karen Webb, ZDF-Moderatorin

„Ich bin noch keinem Menschen begegnet, der so klein und zerbrechlich wirkt, dessen Charisma aber so einnehmend und faszinierend ist: einfach großartig!“

Norbert Lehmann, ZDF-Adelsexperte, über die Queen

„Ich nannte die Queen Lizzie – und das gefiel ihr!“

Nelson Mandela

„Prinz Philip war in Deutschland beliebt und hochgeschätzt.“

Bundespräsident Frank-Walter Steinmeier

„Königshäuser stehen heute ganz stark für die Zukunft!“

Rolf Seelmann-Eggebert, Journalist beim NDR

„In der königlichen Familie darf man nicht depressiv sein.“

Andrew Morton, Journalist und Autor

„Die wichtigste moralische Instanz bleibt die Queen, ein Kompass, dem in Krisenzeiten eine besondere Bedeutung zufällt.“

Leontine Gräfin von Schmettow, Adelsexpertin NDR

„Findet jemand anderes, den ihr ermahnen, beschimpfen und quälen könnt. Meine Freundin Meghan ist euch weit überlegen!“

Patrick J Adams, Schauspieler und „Suits“-Darsteller